教育フォーラム67
JAPAN SOCIETY OF HUMANISTIC EDUCATION

いまこそ
自己教育力の練成を

コロナ禍に負けない学習者を育てる

梶田叡一◎責任編集
日本人間教育学会◎編

金子書房

教育フォーラム67

特集◎いまこそ自己教育力の練成を——コロナ禍に負けない学習者を育てる

C O N T E N T S

特集◎いまこそ自己教育力の練成を——コロナ禍に負けない学習者を育てる

特　集

いまこそ自己教育力の練成を

コロナ禍に負けない学習者を育てる

●

自分をしっかりと持つ

コロナ禍に負けない〈自己のテクノロジー〉の鍛錬を

●

梶田 叡一○かじた えいいち

　2020年という年は，新型コロナウィルスによる感染症（COVIT-19）が世界的に蔓延した特異な年として歴史に刻まれることになるであろう。WHO（世界保健機関）が宣言するようにまさにパンデミック（伝染病の世界的大流行）である。有効な予防ワクチンや治療薬がないままの状況では，人と人との接触を少なくし感染機会を少なくすることしか対応策はない。どの国でも人々は自宅での蟄居を余儀なくされ，外に出ても３密回避やマスクの着用，会食や集会の制限等の自粛が当然視された。このため，飲食や観光，運輸などに関連した社会経済活動はストップに近くならざるをえなくなった。また事務所などでの仕事の仕方もリモート勤務やウェブ会議など直接人が触れ合わない形での業務遂行が拡がった。小学校から大学までの学校も，休校や遠隔授業を強いられ，教育活動に大きな制限を受けることになった。

1. 自分自身をしっかりと持つように育てあげたい

　しかしながら，我々は負けるわけにいかない。特に教育関係者は，子どもと

社会の未来に責任を持つという責務を果たすためにも，こうしたコロナ禍の騒動に流されていくだけであってはならない。子どもや若者が，そして我々自身が，自粛自粛の中で不活性になり，対話や談笑から遠ざかって孤立し，鬱的になり，その日暮らし的になるままであってはならない。むしろ逆転の発想を持って，こうした自粛状況であるからこそ，それに負けない強い子どもたちを育成していく，といった教育機会にしていかねばならない。

　このためには，一人ひとりの「生きる力」を強化することである。特に「〈我の世界〉を生きる力」を強めることである。より具体的には，タフな心，それに支えられた自律的な主体性の強化を図っていかなくてはならない。

　ここで思い起こすのが，かつてミッシェル・フーコーが提唱して一世を風靡した「自己のテクノロジー」という言葉である。彼自身は，この語を「自己を認識し配慮し支配するためのテクノロジー」という意味で用いている[1]。「いかに個人が自分自身をきちんと持つか」ということであり，大きく言えば，「自分自身の自律的な主体性を強化していくための方法論」「自己鍛錬のための体系的方法」と表現してもいいであろうか。

　ミッシェル・フーコーは，古代ギリシャからローマ帝政末期までに至る自己認識や自己配慮の強調の歴史を回顧し，その実践が後にキリスト教に取り入れられて人々の日常生活に生かされていく中で，ヨーロッパ的な自覚的精神が形成されていったと説く。そして日常的な「自己のテクノロジー」として，(1)朝と晩に自己を反省し顧みること，(2)日記をつけたり親しい人に手紙を書いたりして自分自身の思いや言動の表現と振り返りを習慣化し，自己認識に資すること，(3)仮想な事態を想定して「自分ならそういう時どうするであろうか」を考えてみること，を挙げている。もちろん「自己のテクノロジー」は，こうした日常的なものだけでなく，キリスト教的な展開を瞥見してみるだけでも様々な「黙想」や「観想」の方法など非日常的な特別なものもないわけでない。イグナチオ・ロヨラの「霊操」[2]などは，直に頭に浮かぶ非日常的「自己のテクノロジー」と言ってよい。

２．日常的な「自己のテクノロジー」の励行を

　しかしながら我々にとって現下の状況で子どもたちに「しっかりした自分づくり」をしていく上で，まずもって参考となるのは，素朴な次のような３つの習慣づけ，「朝晩の自己の振り返り」「毎日の自己の言動の記録」「時に応じての自己分析の試み」ではないだろうか。

【朝と晩に自己を顧み感謝と反省の時を持つ】……………………………
　何よりもまず朝晩の自己内対話である。短くてよい。内容としては，朝なら感謝と奮起が含まれていてほしい。夜なら感謝と反省がほしいものである。
　たとえば朝目覚めたら，何よりもまず新しい朝を与えられたことに感謝したいものである。ともかくもこの１日，どう使ってもよい真っ新のキャンバスを与えられたわけである。まずもって感謝である。そして，この新たな可能性を何とか生かして使おう，と自分自身に改めて言い聞かせる奮起の気持ちの喚起がほしい。その上で，今日このことだけはやっておきたい，こういう点だけは気を付けていきたい，といった自分のその日の行動企画についてのイメージ確認があればなお良いのではないだろうか。
　そして夜には就寝前に，やはりその日１日がとにもかくにも無事に終わりを迎えた，ということに感謝したいものである。その上で，自分自身の１日の活動の跡を振り返って反省してみたいものである。ただし反省が悔悟に深まることのないように上手に切り上げることも「自己のテクノロジー」として不可欠であろう。
　こうした朝晩の自己内対話の励行については，「朝（あした）に礼拝，夕（ゆうべ）に感謝」といった形で，我が国でも古くから寺院の法話等で説かれてきたところである。現在でも仏教系の学校で，例えば大阪の大谷中学・高等学校などでは，この言葉を校訓として大事にしている。類似の表現として，「朝は希望に起き，昼は努力に生き，夜は感謝に眠る」という言葉もある。

またキリスト教，特にカトリックの伝統においては，朝の祈りと夕べの祈りの定型文の中に，感謝と反省，そして新たな奮起と希望・決意が表現され，毎日それを唱えて心を整えることになっている。

こうした古来大事にされてきた朝晩の自己の振り返りを，「自分をしっかり持つ」ということの基礎づくりとして，まずもってきちんと習慣化したいものである。

【自己の言動を毎日記録する日記の習慣を】……………………………

毎日その日にあったことや思ったこと等を書きつけて記録していく，という生活習慣付けが，古代ギリシャの貴族の間で推奨されていたという。我が国でも日記文学の伝統は非常に古くからあり，少なくとも平安時代から貴族の間では少なからず行われていたことが知られている[3]。

自分は今日，朝起きてから次々に何をどうして就床までの時間を費やしたのか。その間どういう時に何に対してどう感じたのか，どういうことを考えたりしたのか。今日一日を振り返ってみて，特に思うことは何なのか。こういったことを自分なりの表現で記録していくのである。もちろん，必ずしも長くなくていい。ルーティン化している当たり前のことは省略して，その日に特別なことだけを記録しておくのでもいい。ほんの数行の記録でも，毎日継続して続けていく，ということが大切である。

こうしたことは，学校では，夏休みや冬休みの宿題として課すことも少なくない。休み明けには，きちんと整理して提出させる場合もある。しかし残念なことに，休みが終わって学校が始まると，こうしたせっかくの日記づけの習慣が終わってしまうことが大半である。何とか1年を通じて継続していくよう，学校でも指導する必要があるのではないだろうか。

ちなみに私自身も，小・中・高・大の時期を通じて，ごく短期間しか日記をつけていない。しかし人生の後半に差し掛かった頃から決意して，毎日の記録を必ず残す，ということをやっている。1日に800字前後は書くことにして，そこに起床時間，体重や血圧等の記録も含めるようにしている。これをワープ

ロで記録し，プリントアウトし，1年分300枚近くをハードカバーで製本する，ということをやっている。これが30冊余り我が書棚に並んでいるのを見ると若干の達成感がないわけでない。しかしそれ以上に，自分の生活史の記録として，何かの折に自分の記憶の不足分（これが意外なほど大きい）を補うことに大きく役立っている。ミッシェル・フーコーも言うように，日記とはまさに，自分自身に対して自分の真実の姿を開示してくれるもの，その意味で自分の記憶能力を大きく超えた自己認識の基本資料となるもの，と言ってよい。私自身，事あるごとにそのことを痛感している。

【自己について吟味し分析する教育活動を】……………………………

　自分自身を見つめ，いろいろな視点から吟味検討し，自分の良い点や弱い点に気づき，自分の現状と今後のあるべき姿について考えてみるということを，学校での教育活動の中で試みることも望ましい。自分自身についての吟味的分析的記述を行わせてみる，といった活動を実施するということである。例えば，

　⑴自分の良い点，これからも大事にしていきたいと思う点は

　⑵自分の弱い点，これからできるだけ変えていきたいと思う点は

　⑶自分はこういう人間でありたい，こういう人間になりたいと思うところはといった視点を示して自分自身のことを書かせてみるのである。学年によって1枚の紙に箇条書きさせてもよいだろうし，何枚かに少し詳しく記述させてもいいであろう。また，こうした自己記述をさせるに先立って，子どもたち同士を3〜4人の小グループに分け，グループ内で次々と自分のことを語らせ，それに対して「自分には君は（あなたは）こういうふうに見えるけど……」といった友だちから見た姿を語る，といった形で自他のイメージ交換をやらせておくのも有効であろう。

　こうした自己吟味自己分析をさせることは，少なくとも以下のような意義を持つ。

　まず第1に，何よりもまず自分自身のことを見つめ直し，吟味検討してみる「振り返り」の場となる。学習にしても遊びにしても，何かをやっている途中で，

自分自身の状態や自分のやっていること，やり遂げたことを振り返って見つめ直したり，そこに現れている自分の長所や短所を検討してみる等ということは，そうできるものではない。やはり，一区切りしたところで何らかのきっかけなり場なりが準備され，できれば主要な自己吟味の視点も示されている，ということが大切であろう。

　第2に，こうした活動によって教師は，その子の内面世界を理解する上での貴重な情報を得ることができる。この子はどのような形で自分自身を意識化し概念化し評価しているか，といったことが見てとれるはずである。これは，子ども一人ひとりの内面世界の実情をうかがう手掛かりとして，うってつけのものであろう。教師の目で外部から見ていたのでは把握しにくい内面の思いや感情や価値感覚を，ここからかなりの程度まで読み取ることができるはずであるし，それをその子の指導に生かしていくことができるはずである。

　第3に，こうした活動を時にやることによって，一人ひとりに新たな自覚と奮起のきっかけをつかんでほしいという期待がある。一人の子が本当に変容するとしたら，それはその子の内面世界に何かが生じたことの結果である。外部からうるさく言うことによって外側に表れた態度や行動が変わるというだけであっては，永続性を持つ本当の変容にはならない。内面世界のあり方そのものが，思いや感情や見方そのものが変わらなくてはならないのである。

　自分自身を時に対象化すること，それによって自分自身を監督し，統制し，方向づけるといった自己対応の力と習慣をつけていくこと，このことが「自分自身を主人公として生きていく」上で必須の課題であることを繰り返し述べてきた。こうした「自覚」と「自己配慮」「自己対処」へ導いていくことこそ，人間教育の中核的課題となるものであろう。「好きなことを好きな時に好きなようにやらせるのが本当の愛情，真の教育の道」といった無責任な発想や発言を，一日も早く日本の教育界から追放したいものである。

3．自己の内的エネルギーへの対応と統制の力の鍛錬を

【「自分自身の主人公」となるための主我機能】……………………………

　さて，こうした直接的な「自己のテクノロジー」の基盤に，自分自身の内的欲求・欲望への対応と統制という，自分自身の主人公となるための鍛錬のことを考えておかなくてはならない。これもまた「自己のテクノロジー」の大事な領域と言ってよいであろう。

　こうした内面的統制機能に関しては，3つの基本メカニズムを区別しておくことができる。フロイト的に言うと「イド」と「エゴ（自我）」と「スーパーエゴ（超自我）」である。これを我々の言葉に直すと，「欲動の世界」「適応実現的な主我機能」「価値追求的な主我機能」となる。我々はこれにもう1つ，「無我的大我的な主我機能」とでも呼ぶべきもの（「ウルトラエゴ」とでも呼ぶべきか）を加え，4つのメカニズムとして考えている。

　まずは「欲動の世界」である。人は誰も，時々刻々「あれが欲しい」「これをやりたい」といった「欲動の世界」の活動を基盤として生きている。これはまさに生命活動と言うべきものであって，善悪とは無縁の，生命力そのものの働きである。これが弱くては，そもそも生きていくこと自体が危うくなるのである。

　しかし，この「欲動の世界」を野放しにしておくと，「やりたいことはやる」「欲しいものは手に入れる」といった，まさに「好き勝手な」生き方にならざるをえなくなる。これは，ある意味では「自らを主とする」ものであるが，自分自身の欲求欲望に振り回された行き当たりばったりの生き方という意味では，「自分を見失っている状態」と言ってもよい。こうした形で「欲動」を主人公にした状態でいくと，結局のところは自己全能感に満たされ，傍若無人な態度で他の人と接する，という姿にもなってしまう。これをそのまま野放しにすれば，個々人の欲求・欲望が互いにぶつかり合って，「万人の万人に対する闘い」にもならざるをえなくなるであろう。

　ということで、「自らを主とすることなく，自らの主となる」ために，自己
の欲動統制のためのケジメの感覚，自己統制の働きが求められることになる。
そして社会に対しては，こうした個々人の自己統制の枠組みともなる「法と秩
序」が求められることになるわけである。これらがうまく機能すれば，各自が
TPO に合った形で「自らの主」となり，他の人とも社会的にも調和的共働的
に動いていけるということになる。心理学的に言えば，自らの「欲動の世界」
に振り回されることなく，それを自分自身の統制下に置くことができることに
なる，というわけである。

　こうした自己統制を臨機応変に，また適時適切な形でやっていくために，ま
ずもって「適応実現的な主我機能（エゴ）」を働かせなくてはならない。この
ために必要となるのは現実検証と自己統制の働きである。「欲動の世界」の持
つ欲求欲望のエネルギーを適切な形で誘導し，充足させるためには，まずもっ
て TPO の認識が必要となる。自分が今ここで置かれている時や場を適切に認
識し，そこでの欲求充足のルールを，その制約条件を含めて理解しておくこと
が必要となる。その上で，その時その場に合うような形で自己統制し，自らの
欲求・欲望の充足を内外の枠組みに沿った形で図るべく，自分自身の欲求・欲
望の充足の在り方を時に抑制したり変形したりしなくてはならないのである。
このために必要とされるのが現実検証能力であり，そうした現実認識に根ざし
た形で自己の欲求・欲望の充足をコントロールする力である。これが「適応実
現的な自己統制能力（エゴ）」と呼ばれるところの主要な部分である。

　そうした土台の上に，時にはこうした TPO 的「現実適応」を超えたところで，
自分自身が「美しい」とするところ，「善し」とするところ，等といった「価
値ある何か」を実現するために，自分自身の言動や在り方を統制する「価値追
求的（スーパーエゴ的）な主我機能」が必要となる。

　人は現実の状況に適応すればよいというだけでなく，現実を乗り越えて，よ
り美しいもの，より正しいもの，より崇高なもの，等々といった価値の方向を
目指す存在でもある。回り道をしてでも，損をしてでも，時には嫌な思いを覚
悟してでも，美しいもの正しいもの崇高なもの等々を追い求めるための努力を

怠らない，というのが人間存在の持つ高次の可能性である。この点は古今の優れた識者が様々な形で指摘している通りであるが，端的に言えば，こうした価値志向性を実現していくような形で主我機能を用いていく，ということを学んでいかねばならないのである。「より良い現実適応」を犠牲にしてでも実現すべき価値がある，ということを理解し，それを現実のものとするための力を付けていくことも，「自分自身の主人公」として生きていくためには不可欠だからである。自分が大事にすることのためには，他の人と衝突することも，種々の形での損をすることも顧みないということが必要になる場合もあるわけである。

　こうした「価値追求的な主我機能」を強化していくためには，自分持ちの価値感覚を磨くことと，その価値の方向に自分自身を緩急自在に向けていくための柔軟で粘り強い（価値追求的）自己統制力が必要となる。このためには，自分自身に感動を与えてくれる美しいもの崇高なもの等に出会う体験を1回でも多く持ちたいものである。また，言葉を越えた真善美聖の感覚で身内が打ち震えるような体験について話し合ってみたり，関連の読書や作品鑑賞をしてみたりすることによって，広範な追体験の世界を自分自身の中に取り込むことにも努めたいものである。

【無我的で大我的な主我機能のトレーニングも考えたい】 ………………

　ここまでのところは，多くの人にとって馴染み深いところであろう。しかし我々は，もう一つ，「現実適応」を超越し，「価値実現」を超越する形で自分自身の「欲動の世界」に対応する主我機能を想定しておきたいと考えている。これは「無我的」で「大我的」で，ある意味で「他力的」な主我機能であり，「ウルトラエゴ的」とでも呼びたい自己対応の在り方である。人は時には，現実適応的に「欲動の世界」を統制することを考えないで，また「大事なことの実現のために」自分自身の言動や在り方を整えるといったことも放棄して，自分自身の深い部分から，「本源的自己」から湧いてくるところに浸り込む，ということが必要ではないか，と思うのである。

　現実適応や価値実現へと向かう自分自身の姿を，時には冷静に見つめ直し，

心理的に距離を取りながら自己統制の力を抜き，「あるがまま」の心境に委ねて眺めてみるということである。こうした時間を持つことも，自分自身の主人公として大所高所から自分を生かしていく力を発揮していくために，時に必要となるのではないであろうか。これによって自分自身が十分に意識していない世界に潜む本源的自己の渇きや希求にも気づくことができるようにもなるであろう。さらには価値的な世界を捨象した世界，味気なくても不条理でも「何ともない」といった世界に，ドッシリと腰を落ち着け，開き直ってみることもできるはずである。

　こうした形で現実適応と価値実現を超越した世界へと自分自身を向かわせるといった精神的な姿勢を，我々は「無我的で大我的な主我機能（ウルトラエゴ）」と呼んでみている。これは「自らを主とする」ことを避け，「自らの主」となることも避け，「大きな呼び声」の命ずるところに応えて，その時その場のやるべきことに「只管（ただひたすら）」取り組む，という事態に我々を導くものである。「小我を乗り越えて大我に生きる」ということにもつながる主我機能と言っていいであろう。

　しかしながら，こうした無我的で只管の境地に導く主我機能に気づくためだけにも，さらにはこの機能を十分な形で発揮できるように持っていくためにも，どうしてもトレーニングが必要とならざるをえない。古代インドで発達したヨガ的な瞑想法，中国に入って発展した様々な禅的な修業法，そして我が国でも栄西や道元などが日本独自に発展させた禅などもそうしたトレーニングの道ではないであろうか。また法然や親鸞らの指導した「南無阿弥陀仏」を繰り返す口誦念仏や，日蓮らが重視した「南無妙法蓮華経」の唱題を重ねる行なども，こうした「無我的大我的な主我機能（ウルトラエゴ）」のトレーニングとしての重要な意味を持つものではないであろうか。

　いずれにせよ，「欲動の世界」への対応と統制を図るこうした３種の主我機能の働きを強め，それによって自己の生命的な活動の全体を高次なレベルで統制していけるようになってほしいものである。自分自身が自己の本当の主人公となるための主体性を強め，自分なりの価値感覚と志を大切にした自己固有の

人生の歩みができるようになるとともに，時には無私で没我で自由自在な境地を持てるところまでいってほしいものである。

　挨拶やケジメの励行をはじめとする毎日毎日の日常生活の丁寧な過ごし方を出発点としながら，様々な形での「自己のテクノロジー」の鍛錬を重ね，人間として精神的な面で大きく成熟し成長していくことを，確かな見通しを持ちつつ，一歩一歩支援し，見守っていきたいものである。

注

（1）ミッシェル・フーコーほか著（田村俶・雲和子訳）『自己のテクノロジー──フーコー・セミナーの記録』岩波書店（岩波現代文庫），2004

（2）イグナチオ・ロヨラ著（門脇佳吉訳・解説）『霊操』岩波文庫，1995（原書の成立は1560年代である。）

（3）例えば，ドナルド・キーン著，金関寿夫訳『百代の過客──日記に見る日本人』（上・下），朝日新聞社，1984

参考文献

梶田叡一『自己意識の心理学（自己意識論集Ⅰ）』東京書籍，2020

梶田叡一『自己意識と人間教育（自己意識論集Ⅱ）』東京書籍，2020

梶田叡一『意識としての自己（自己意識論集Ⅲ）』東京書籍，2020

梶田叡一『生き方の心理学（自己意識論集Ⅳ）』東京書籍，2021

特集◎いまこそ自己教育力の練成を──コロナ禍に負けない学習者を育てる

●

これからの学校教育と自己教育力

●

鎌田 首治朗○かまだ しゅうじろう

1 自己教育力をどうとらえるか

1.1 3つの力 ……………………………………………………………

梶田（1990）は，自己教育力を「長期にわたり自分で自分を教育していける力」とし（p.113），「自己学習能力・自己教育力・自己実現の力」の3つの力の関係を「入子細工」の関係としてとらえている（p.114）。そこでは，「たとえ1人でも学んでいける力」とする自己学習能力に「1）長期にわたる成長意欲・課題意識をもつ」，「2）多様な学習形態を TPO で選択できる（時には受動的学習も）」，「3）自分自身と対話し，自己評価・自己統制できる力をもつ」，「4）大事なことなら嫌なことでも進んでやる積極的対処の姿勢をもつ」という4つのことを加えた力が自己教育力とされている。さらに，自己教育力に「1）憧れの人間像，志向する生き方，のイメージをもつ」，「2）絶えざる自己超克と向上への意欲をもつ」，「3）自分自身に誠実に対し，自分の内奥の要求に素直に対処する習慣をもつ」，「4）内面の実感・納得・本音をよりどころとし，自

分自身の足で着実に歩む習慣をもつ」という4つの力を加えた力が自己実現の力とされている（p.113）。

　梶田の述べていることを受け止めれば，真っ当な「自己実現の力」は「人格の完成」をめざす重要な力としてとらえなければならないことになろう。というのも，「自己実現の力」，すなわち梶田の述べる「自分で自分の生涯に責任の取れる生き方を形成できる力」を，拝金的にとらえたり権力的にとらえたりする歪みが，人によっては起こり得るからである。本質の見えていない個人であるならば，「自分で自分の生涯に責任の取れる生き方を形成できる力」を「自分で自分の生涯に責任の取れる生き方を形成できる財力」，「自分で自分の生涯に責任の取れる生き方を形成できる権力」と歪めたりすることを，現実的には否定できない。だからこそ梶田は，「自己実現の力」に「憧れの人間像，志向する生き方」「絶えざる自己超克と向上への意欲」「自分自身に誠実」「自分の内奥の要求に素直に対処する習慣」「内面の実感・納得・本音をよりどころ」「自分自身の足で着実に歩む習慣」といった重要な内容を加えている。しかし，それでもあるものの欠損した個人では，梶田の示す内容と真反対に進みかねない。たとえば，お金や権力をもつ人間を「憧れの人間像」としたり，そういう人間になることを「自分の内奥の要求」にしたり，それを己への「誠実」にしたり，自分の「実感・納得・本音」にすり替えてしまったり，という具合である。これらを防ぐためには，あるものへのあり方がどうしても問題となる。そのあるものこそ，個人の「人格」であり人間性である。

1.2　前提となる重要な認識 ……………………………………………

　このように考えると，「自分で自分の生涯に責任の取れる生き方を形成できる力」である「自己実現の力」を磨くには，「人格の完成」をめざす努力と両輪であることが求められる。すぐれた個人であればあるほど，「自己実現の力」は「人格の完成」をめざす努力と大きく重なっていくものになるのであろう。これは，「自己教育力」についても同様である。「自己教育力」も，「人格の完成」をめざす努力と両輪でなければならない。そうでなければ，「自己実現の力」

を真に伸ばすことはできないからである。

　今述べたことと「1.1」で述べた梶田の論から，3つの力の獲得の道筋と，求められる指導意識について述べることができる。道筋とは，「自己学習能力→自己教育力→自己実現の力」という力の獲得の道筋である。指導意識とは，道筋を意識しながらゴールに位置づけられる「自己実現の力」の獲得に向かって，3つの力それぞれの指導において「人格の完成」に向かう努力を重視するという指導意識である。学校と教師が求められている認識は，学習者を人間として育てることであり，「自己実現の力」を獲得することが「人格の完成」の道を歩む足取りを確かな深いものにし，そのことがまた「自己実現の力」をより豊かで深いものにしていくという認識である。この認識が，「自己教育力」を育てるための前提として重要になる。

2　自己教育力を育てるために

2.1　自己教育力を育てる構え ……………………………………………………
　では，「1」を受けてこれからの学校教育は，自己教育力をどのように育てれば良いのか。

　C・E・シルバーマン (1970) は，これに関連して次のように述べた (下線は筆者，以降も同じ)。

　より重要なのは，教育というものは，<u>単に生計を立てていける人間をつくるだけでなく，創造力のある，人間らしい，そして感受性に富んだ生活を送れる人間の育成でなければならない</u>のである。これは，とりもなおさず学校というものが，自由な，<u>人間らしさを培うような教育をほどこさなければならぬ</u>ということである。したがって一般教養の目的とするところは，<u>教育者を教育することでなければならず</u>，またいつの時代においてもこのことが目的であったはずである。すなわち自分の家族を，友人を，地域社会を，そして<u>てなによりも大事なのは，自分自身を教育しうる人間を育てることなのである。</u>

　シカゴ大学の教育学部の教授陣は，こうした目的に関しては他の大学の教授陣よりも真剣に取り組んでいたと思われるのである。その証拠に，同学部の案内書には次のように記されている。「われわれは，教育（ママ）のある人間を養成しうるとは約束できないが，各生徒を，ここまでできたらその先は自分自身を教育しうる，というところまで努力する」。このような目標は公立学校もまた持つべきではなかろうか（上 pp.128-129）。

　シルバーマンは，この言葉の前に「西暦2030年もなお労働力であるかもしれない子どもたちに，ある特定の職業や専門職への準備をし，今ある姿の社会に容易に適合していけるようにとの意図のもとに編まれた教育ほど役に立たないものはあるまい。真に『実用的』な教育など存在しないのである」（上 p.128）と述べている。さらに，「想像もできないような性格の職業に対して生徒を準備させるなどということはとうてい不可能である。これを可能ならしめる唯一の方法は，〈学習の仕方〉を教えることのみである。すなわち，新しい問題が生じた場合，人類が蓄積してきた知恵（新しい問題が生じたときそれを認識しうるような知恵）を応用していく，そうした知的な訓練をほどこすことこそが必要なのである」（上 p.128）とも述べている。

　「1.2」の重要な認識をどこかに置き忘れたようなペーパーテスト偏重，その結果や正答率，偏差値偏重の教育では，このシルバーマンの述べるレベルの教育に辿り着くことはできない。それらでは，「人間らしさを培うような教育」が怪しくなり，「教育者を教育すること」が抜け落ち，「〈学習の仕方〉」ではなく正解の出し方のみが重宝される。結果，「自分自身を教育しうる人間を育てること」はできず，「新しい問題が生じたときそれを認識しうるような知恵」を学習者に獲得させることができなくなる。

　対して，シカゴ大学では「ここまでできたらその先は自分自身を教育しうる，というところまで努力する」という教授陣の目標意識が，学部の案内書に明示されるほど明確に存在していた。このシカゴ大学に，B. S. ブルーム教授が長くおられたことは有名な話である。「なによりも大事」と述べられた「自分自

身を教育しうる人間を育てること」は，まさしく人間教育の立場でもある。そ
れは，自分の内面世界に〈我の世界〉を生きる力と〈我々の世界〉を生きる力
を育て磨くことであり，換言すれば，「人格の完成」の道を自分の足で歩む力，
自分の人生を生き抜く力を学習者に育てることである。国と校種，時代は違う
が，これからの時代にこそ日本の学校教育は，この道をめざさなければならない。

2.2　自己教育力の育て方を考える ……………………………………………

　以上のことを明確にした上で具体的にどのように自己教育力を育てれば良い
のであろうか。
　かつて，ウィリアム・アーサー・ウォードという米国の教育者，哲学者が，
それに関連する次のような言葉を残している。

　　　凡庸な教師はただしゃべる。
　　　よい教師は説明する。
　　　すぐれた教師は自らやって見せる。
　　　そして，偉大な教師は，心に火をつける。

（西澤，1996，p.29）

　自己教育力という限り，それは主体的で能動的なものでなければならない。
受け身で指示待ちのままの人間に自己教育力が伸びる期待はもてない。確かな
自己教育力を手にするためには，学習者に何があっても自分を磨くという姿勢
や構えが必要である。そのためには，自分を磨き，深め，高めることが大切
であるという実感，それを実現しなければならないという納得，それが自分の
やりたいことであるという本音が，当人に必要である。そして，その根本には，
学習者の意欲，つまりはやる気がなければならない。自己教育力は，学習者
自身がそれを手にすることを決意し，そのための努力をし続けるやる気を手に
していなければ，その力が獲得できたり，その力が高まったりすることはない。
その意味では，まさに学習者の「心に火」がついていなければならない。こう

して，「どのように自己教育力を育てるか」という問いは，「どのように学習者をやる気にさせるか」という問いになる。

ウォードの言葉にある「心に火をつける」という箇所は，原文では"The great teacher inspires."となる。"inspire"は，"in"（中へ）と"spire"（吹き込む）で，語源は内面に吹き込む，学習者からすれば吸い込む，といったことになる。これを「心に火をつける」と訳したわけである。こう考えると，吹き込んだものが何かが浮かび上がる。そして，偉大な教師はなぜ，それを学習者に吹き込むことができたのかも見えてくる。

偉大な教師が学習者に吹き込んだものは，やる気に火をつけられる情熱という熱ではないか。なぜ，偉大な教師が熱を吹き込むことができたのかといえば，偉大な教師自身が強い情熱を自分の中にもっていたからに他ならない。そうでなければ，「心に火をつける」ことができるほどの熱を学習者に吹き込むことはできない。情熱という熱をもたない凡庸な教師が吹き込めるものは，心に火をつけられない，自分とは距離のある冷えた他人事のお話でしかない。ただのおしゃべりよりも，よい教師の説明は随分とわかりよい指導になる。しかし，すぐれた教師がやって見せる指導は，説明よりも一層わかりやすく，目の前でそれを見た学習者は少しやってみたい気になれる。何をするのか，それをすればどうなるのかが目の前で見られるからである。しかし，学習者の心に火をつけられるものは，偉大な教師がある方向を見据えて内に持つ本気の情熱ではなかろうか。それが，ある種冷えた状態にあった学習者の心を温め，熱くし，大事なことに向かう熱い気持ちにさせる。

たとえば，論理力の重要性が叫ばれているからといって，流行りもので論理を振りかざしていたのでは，学習者をやる気にさせることは難しいのではなかろうか。その論理が，にわか論理だからである。しかし，論理を本気で探究してきた教師の語る言葉であれば，学習者の心に火をつけられるかもしれない。その論理には，探究してきた教師の情熱があるからである。学習者に自己教育力に向かうやる気を生み出そうとすれば，まず教師自身が本気で自己教育力を高めようとしてきたか，そしてそのことに向かう本人の情熱は如何ほどのもの

なのかが問われるということである。

3 自己教育力を育てる

　学習者のやる気のないところに，自己教育力の実現はない。そのためには，教師自身の自己教育力が求められる。もし，その教師が真に自己教育力を磨いて努力している人物であるならば，ここから先の話は本来必要のない余計な類いの話になる。そういう教師，人物ならば，自分の頭と心で，主体的に諦めることなく課題に向かうはずだからである。ただ，本論はその課題にどう向かうのかを述べるものでもあり，そういう立派な教師，人物であれば，本論が邪魔になることもないであろう。また，読者の中には情熱はあるがまだ経験値が高くなく，実際どうするのかというやり方を求めておられる方もあろう。このように考え，「どのようにして（自己教育力を含めて）学習者の学びへのやる気に火をつけられるのか」ということについての自分解をこれから述べる。そこでは，8つほど，大事にしなければならないことがあると考えている。

3.1　わかる・できる ···

　1つは，学習者のわかる・できるという学びの実感を保障することである。学習者は，学んだことが「わかる，できる」と思えてこそ，学びだけでなく自分に手応えや自信をもち，学んだことを「もっとやってみたい」と思える。この「もっとやってみたい」は，やる気の一つである。「わかる，できる」はやる気につながり，「わからない，できない」はやる気の火を消す。

　たとえば，漢字を正しく読み，正しく書くことができる，つまらずにすらすらと音読ができる，九九を習得し，正しく計算ができることなどがその具体としてある。これらの習得は，「自分はできる」という自信と誇りを学習者に実現するためにも重要である。他にも，算数であれ，国語であれ，新しい単元には習得しなければ前には進めない土台にあたる学習内容，知識・技能がある。割り算，筆算，小数，分数の計算はもとより，国語科においては各単元で学習

者が取り組む言語活動自体の習得も，そこには入る。この点では，教師の単元計画設計能力が極めて重要になる。

　もし，これらの習得がしっかりと機能していないと，多くの学習者が内側から湧いてくるような自信と誇りを感じることがなくなっていく。このように，今後の学習にとって構造的な土台にあたる最低限の学習内容を習得することは，マスタリーラーニング（完全習得学習）そのものである。これを保障していくことは，「人格の完成」の道を学習者が歩むことをめざそうとする学校と教師にとって，一番目の前にある課題，何が何でも実現しなければならない課題である。先ほど「最低限」と述べたように，マスタリーラーニングは学習内容全てを対象にするものではなく，学習内容を構造的にとらえ直し，その土台にあたる最低限習得しなければその後の学習において困ってしまう重要な学習内容を，学校と教師が研究を通して明確にし，それらを完全に学習者にマスターさせるものである。このマスタリーラーニングの成否こそが，学習者のやる気を保障できるかどうかの学校と教師の生命線として存在する。

3.2　競争意欲を生かす ……………………………………………………

　２つめに，学習者に自然に生まれるやる気を上手に生かすことがあげられる。その一つは，学習者の競争意欲，結果意欲である。「×より○がほしい」「人より速く走りたい」「悪い点より良い点をとりたい」──これらの気持ちは，自分が成長したいという学習者の本質的な欲求の現れであり，やる気の現れでもある。小学校では，これらの意欲を即座に否定したり，説諭の対象としたりするだけではなく，逆手に取って学習者が前に進める工夫がほしい。もちろん，競争や結果に誤ってこだわったままの状態では，学習者は成長できない。結果にこだわったり，競争意識が転じて他者と自分を比較したり，他者の評価を気にしたり，失敗を恐れるようになったりしていては，若者は自らの人間的成長にとって必要な挑戦すら，ままならなくなる。しかし，小学校であれば大人が人工的に競争を排除するのではなく，自然な学習者の競争意識を人間的成長にうまくつなげたい。「〜したい」気持ちを人がもっているということの意義は

大きい。始まりは競争意欲やよい結果を求めてであっても，その過程で，学習者が勝ち負けや結果にこだわらず全力を出すことの大切さを学んだり，全力を出し切った後の爽快感を実感できるようにすることこそ，学校と教師が本来果たすべき役割，めざすべき方向である。

3.3 信頼 ……………………………………………………………………

　3つめに，教師が学習者から信頼されていることが重要である。

　幼い学習者，若い学習者は，人生についての経験値が少ない。しかし，彼らは彼らなりに，自分がやるべきことかどうかを自分で判断する。自分がやった方がいいと判断したら挑戦しようとする。ただ，経験値の少なさから見えないこと，見通せないことは多い。そんなときに彼らが判断の拠り所とするのは，自分が本当に信頼する人間の言動，対応である。関わりのある教師が信頼されていれば，論理的にはわからないところが多くても，「先生が頑張れって言うんだから頑張る！」と学習者は思える。

3.4 チャンスを逃さない …………………………………………………

　4つめに，チャンスを逃さないことである。何もしなくても，学習者がやる気になってくれるときが一年の中にはある。期間でいえば，クラス替えで始まった4月からGWの終わるまでの期間である。前年度に学級崩壊のクラスにいた学習者であっても，クラス替えのある4月には意欲的になる。子どもたちは，いけないことはいけないとどこかでわかっており，だからこそ4月になれば新しい気持ちで頑張ろうとする。それほど，新しい先生，新しい友だちに出会える4月は，希望に満ちている。新しい環境の中で，リセットして頑張ろうと健気に思う学習者は，大人が予想するよりも多い。この時期，学習者の耳は「上等の耳」になり，教師の話をしっかりと聴いてくれる。そこに，どんな希望に満ちた話，説得力のある話を教師はできるのかである。どういう目標の下，どのような順番でわかりやすく語ることができるのか，わかりやすく取り組んでいくことができるのか。学習者に向かって，何を褒め，何を駄目だと言い，

その理由を学習者にわかりやすく語れるのか。試されているのは，咄嗟の言動，対応を含めて，その教師の人間性であり人間力であるといえる。これらがしっかりとできれば，この期間を通して学習者は自分の担任のものの見方，考え方を理解し，教師の「当たり前基準」を学ぶ。その中で，自分の担任教師の人間力を肌で感じる。しかし，ここで凡庸な教師のごとく口先だけで学習者を育てるようなことをしていると，だんだんと教師に対する信頼は陰りをみせていく。

3.5　挑戦 …………………………………………………………………………

　5つめに，挑戦することである。

　学習者が本当のやる気を手にするためには，挑戦が必要である。その具体例として，運動会，学芸会，文化祭，といった学校行事がある。全校で取り組めば，校内に大きな挑戦の風が吹き，学習者は挑戦への構えがつくりやすくなる。忘れ物0をめざす取り組み，学期末新出漢字50問テストでクラス全員が90点以上をめざす取り組みといったクラスの挑戦も，立派な挑戦の機会になる。年間で100冊の本を読んだ学習者数への挑戦も同様である。そこに目標がある，目標を達成すれば自分の成長がある，その達成のためには努力が求められる，果たさなければならない自分の責任，役割がそこにある，また，みんなが心を一つにしなければ目標が達成できないとなれば，これらは挑戦になる。

　挑戦のよさは，よい結果だけにあるのでは断じてない。挑戦のよさは，失敗にもある。全力を振り絞ったが，目標は達成できなかった──これもまた成長に必要なことである。うまくいかなかった，不本意だった，失敗した──その時こそがより大きなやる気の生まれる場面でもある。そこに，学習者が成長できるかどうかのものの見方・考え方の分かれ目がある。「失敗したとき，自分はどうするのか」ということこそ，学習者に学んでほしいことでもある。本当に失敗だったのか，失敗から深く自分は学べたのかといったこととともに，失敗した後にもう一度挑戦するのかしないのかが大切である。これらを巡って学習者が真剣に考える場こそが，学習者を鍛える。失敗したら諦めるというようでは，自分の人生を生き抜くことは難しい。そして，失敗は，自分が学び成長

する大きな好機であることを学習者には学んでほしい。失敗して心底口惜しい思いをしたり，涙したり，後悔したりしたことのない人間に，本気の挑戦スイッチは入らないのではないだろうか。

3.6　目標 ……………………………………………………………………

　5つめと関連することにもなるが，6つめに，目標を設定することである。やる気を生み出すためには，目標がいる。目標があるから，途中のふり返りもできる。実現のための道筋を考える，つまり戦略や計画をつくることもできる。そういうことをするから，自分が真剣に挑戦しきれたのか，中途半端な挑戦であったのかを考えやすくなる。早くから取り組むべきであったにもかかわらず，現実を自分事で見ることができず適当な努力しかしていなかった——それが原因で失敗して痛い思いをしてこそ，時間を無駄にしてはいけないということや現実を舐めてはいけないということ，本気で頑張らなければいけないといったことを学べる。

　目標は，数字で表すと学習者にわかりやすい。同時に，目標には数字で表せない，大目標，言い換えれば理念や願いが必要となる。たとえば，一年間の学級目標はその一例である。「みんなの心を一つに，それができるやさしく，かしこい6年1組に」という学級目標（理念や願い）があったとする。これがあることで，めざすクラス像がわかり，自分たちや自分が「やさしいか，かしこくなっているか」というふり返りができ，「みんなの心を一つに」できているか，できていないか，といった視点も生まれる。大目標（理念や願い）がないところに，チームは生まれない。そして，そのメンバーが人間として育ち，磨かれることも難しくなる。

　大目標の下に，具体化された中目標，短い時間のスパンでの頑張りをふり返ることができる数値も入った小目標があるといい。時間のスパンでいうと，学級の場合は1年間の大目標，1カ月から数カ月，または学期ごとの中目標，そして1週間や2週間単位の小目標という具合に，取り組む内容や時間のスパンを考慮して目標構成，目標設定を行いたい。

　目標があると頑張れる。とはいえ，目標があるだけで頑張れるわけではない。その目標に挑戦しようというやる気を生み出すことこそが重要である。目標つくって魂入れず，では成果は生まれない。したがって，常に学習者のやる気，目標に魂を入れることを指導者は見落としなく観察し，必要な手を入れなければならない。

3.7　価値

　7つめに，学習者をやる気にするには深い価値が必要である。価値のないことや，価値が見えないままでは，学習者のやる気は薄っぺらな頼りないものになりかねない。

　「この問いはおもしろい」「考える値打ちがある」「自分にとって価値がある」，そう思えるから課題に挑戦してみようとなる。その逆では，学習者はやる気にならない。そこに，自分が挑戦すべき価値のある問いであることがわかってこそ，学習者はその気になる。面白そうに見えない，考える値打ちがわからない，自分との関わりもわからない，というのに学習者が課題に取り組んでいるとすれば，それは受け身でやらされているだけかもしれない。それでは学びに魂は入らない。もちろん，はじめは受け身でも，最後にはその面白さを実感し，考えていく値打ち，価値があると思えるようになれる──そういう戦略が単元に組み込まれているのならば結構なことである。しかし，意外にそういう単元は少なく，駄目な単元は初めから駄目な場合が多い。この点では，繰り返すが教師の単元計画設計能力や教材研究が重要である。同時に，教師自身がその単元を面白いと思っていない，価値を感じていない，自分との関わりもピンと来ていないのにもかかわらず，学習者にはそれを学ばせようとしている状態──いわば教師のダブルスタンダード問題には，注意が必要である。

3.8　自分の問い

　8つめに，本当の自分の問いである。これと出会えることができた学習者は，生涯，自己教育力を磨く道を歩もうとする。

　自己教育力のある存在に大学院生や研究者を挙げることができる。大学院生が自分から本腰を入れて研究するようになるのは，修論，博論で取り上げる自分の研究テーマ，つまり自分の問いが明確になってからである。自分の問いを手にしてこそ，学修者の学びも本物になっていく。自己運動化した高いレベルの自己教育力へと自らの歩みを進めていくためには，解き明かしたいと思える自分の問いが必要である。

　自分の人生を実現するために，生涯を通して自己教育力を磨こうとすることが重要になる以上，この世に生まれた人間は，みんないつか自分の問いをもたなければならない存在であるといえる。そのために，保育園，幼稚園，小学校，中学校，高等学校，大学があるともいえる。

参考文献

鎌田首治朗『真の読解力を育てる授業』図書文化社，2009

梶田叡一「講演記録 自己実現の教育とは何か」人間教育研究協議会編，梶田叡一責任編集『教育フォーラム第5号』金子書房，1990，pp.109-124

西澤潤一『教育の目的再考』岩波書店，1996

シルバーマン，C. E. 著，山本正訳『教室の危機——学校教育の全面的再検討　上・下』サイマル出版社，1970・1973

特集◎いまこそ自己教育力の練成を──コロナ禍に負けない学習者を育てる

●

読書・教養・自己教育力

●

湯峯　裕○ゆみね　ひろし

はじめに

　2020年春は遠隔授業で始まった。学生は慣れない環境に戸惑いながらどうにか道を切り開いていった。そんな中で，気持ちを切り替えて積極的に学習に取り組んだ学生もいれば，初めの不安な気持ちのままに最後まで悩み続けた学生もいた。授業アンケートで見ると，理解できないことの解決に苦労したり質問ができずに困ったりした気持ちをそのまま最後まで引きずった学生がいる一方で，対面授業よりメール等によって質問がやりやすいと考えたり，自分のペースで学習ができると考えたりする学生もいた。この違いを引き起こしているものこそが自己教育力である。そこで，自己教育力とは何かと定義してその象徴的な姿としての森鷗外の生き方を見ていき，その上で，今の子どもたちの自己教育力の育成にあたって現在の問題点と今後の展望をまとめていく。

1 自己教育力とは

　自己教育力が初めて言われたのは，1983（昭和58）年11月の中央教育審議会小委員会の審議経過報告において「多様性」「個別性」の文脈の中である（水内，1994，p.87）。さらに，1987（昭和62）年11月の教育課程審議会答申では，「豊かな心をもち，たくましく生きる人間の育成」「自ら学ぶ意欲と社会の変化に主体的に対応できる能力の育成」「基礎的・基本的な内容を重視し，個性を生かす教育の充実」（市原・北川，1990，p.14）等が指摘され，一部表現を変えて平成元年3月告示の学習指導要領に反映された。この中では自己教育力は「自ら学ぶ意欲と社会の変化に主体的に対応できる能力」と限定して考えてよいだろう。それを受けた児童・生徒指導要録の改訂を機に新しい学力観が広く語られ実践に生かされるようになっていく。新しい学力観は子どもたちの思考力・判断力や社会の変化に主体的に対応できる能力などを重視し，子どもたちの個性を生かす教育をめざすとしているものであり，PISAのコンピテンシーに親和性があるともされた。いま自己教育力を考えるときに立ち返るべき基盤はこの新しい学力観の視点である。

　ただし，そこで言われている自己教育力とは，臨時教育審議会以降の生涯学習社会を見据えたもので，学校教育から離れても生活の幅を広げて質を高めその先に人格の向上をめざすために学習を続けていく力である。それゆえに，今回のテーマではその中で特に，困難な事態に遭遇したときの打開策を自ら見出していく柔軟で強靭な自己を導いていける力と限定すべきである。それはレジリエンスの概念に近いものであり，その観点も踏まえながら考えると，多様な視点から自分自身とそれを取り巻く環境を見直し，柔軟な選択をとおして自らの進むべきよりよい道を見つけ出そうとする力である。その点から，自己教育力とレジリエンスの重なる部分を支えるものに多元的な自己があると考え，本稿ではその点に絞って考察していく。

　多元的な自己あるいは多様で多面的な自己とは，困難に向き合ってそれに押

しつぶされそうなときに，自分自身を多元的に評価して，最善の方策を見つけて新たな道筋を見つけ出す力を生み出すものである。困難に向き合ってこれまでに気が付かなかった新たな力を見出して向かっていく力，納得できる自分を見つけ出して踏み出す力である。杉浦は「自己の多元性はアイデンティティを失わせるものではなく，私たちがより効果的なセルフコントロールを行うための効果的な自己観なのです。」（杉浦，2017，p.63）と指摘している。特にコロナ禍のような孤立した局面では否定的な自己評価が進んでしまう。そこに教員からのコメントや遠隔でもできるグループ学習等によって他者の視点を入れることでそれを阻止しないといけない。それは，教員の評価を押し付けるのでもなく学生間の交流を進めるだけでもなく，他者からの視点によって自分自身を見直す契機や自己評価の新たな視点を提供することである。この多元的な自己評価は他者の視点からの他者評価と自己の個人内評価の統合をめざすものであり，それが困難な局面を打開していく力となる。

　自己教育力が導く困難に向き合う自己とは，いかなる場面に直面しても，「譲れない自己」をもち続け「こうありたい自己」に常に向かっていこうとする力である。それは梶田の言葉を借りるなら，「常住座臥を律していく基本的準拠枠（フレーム・オブ・リファレンス）として，単一の『アイデンティティ』を持つということ自体が非常に困難になっている」現代社会において，「多元的アイデンティティ」の先に「志としてのアイデンティティ」をめざすことである（梶田，2016，p.181）。特にコロナ禍のような未曾有の事態に求められる自己教育力というのは，未知の出来事や困難な事態に直面したときに，現状の自己を否定して引き下がるのではなく，新たな環境に自己を適応させるだけでもなく，納得できる道を見つけて踏み出せる自己を引き出す力である。そしてそれを支えるのが自分自身についての柔軟な認識を導く多元的な視点を持ち続ける力である。遠隔授業で積極的な対応を示した学生の姿にはそんなたくましさと強かさがある。

2　多元的な自己──森鷗外の場合

　多様な自己を持ってたくましく生き抜いた人に森鷗外がある。教科書にも取り上げられる『舞姫』や『高瀬舟』を書いた小説家であり，アンデルセンの『即興詩人』やゲーテ等の詩を集めた『於母影』等の翻訳家であり，文芸雑誌『しがらみ草紙』を創刊した評論家でもあった。自宅の観潮楼で歌会を開いたり，『明星』の後継である『スバル』を支えたりして短歌にも力を発揮した。さらに平塚らいてうの『青鞜』にも彼の妹や妻を通じて関係するなど（金井，2016，p.5），その活動の幅の広さは限りない。本来の職は医者であり，軍医として従軍して陸軍軍医総監にまでなる。医学校進学のために早くしてドイツ語を学んで第一大学区医学校（現・東京大学医学部）予科に年齢を偽って12歳で入学し，本科を卒業後1884（明治17）年ドイツへ派遣される。職務に積極的に励み，1900（明治33）年にイギリスに派遣された夏目漱石と対照的である。留学のために日本を発ったのが，漱石が教師の仕事をして33歳であったのに対して鷗外は大学を卒業して3年の22歳。この違いが大きいのであるが，漱石には出発前から逡巡があるのに対して，鷗外は進取の気概で向かっている（森，2009）。

　漱石は「さて其本領といふのがあるやうで，無いやうで，何処を向いても，思ひ切つてやつと飛び移れないのです。」と悩み，「恰も囊（ふくろ）の中に詰められて出る事の出来ない人のやうな気持」（夏目，1995，p.592）で苦しんで，そこでたどり着いたのが「自己本位」である。「其自己本位を立証する為に，科学的な研究やら哲学的の思索に耽り出したのであります。」（夏目，1995，p.595）となる。漱石はずっと自己の内に向かっている。そこから彼が見出した「自己本位」は，利己主義ではなく自分の実感を大事にしようとする指向性である。漱石と鷗外はその行動を見る限り陰と陽の正反対であるが，探し求めていこうとするものは同じものである。漱石は神経衰弱のまま半ば強制的に帰国させられるのだが，その衰弱の中で文学という自分の道をたくましく見出している。鷗外は前に前にと出る中でその自分を背中から押しているもう一人の自分を見ていた。それ

が揺れる自分を確かな力で支えてくれていた。それが鷗外の強さであった。対して漱石は，押し込まれたところでなんとか踏ん張った。それが自己本位であり，やはりそれが彼の背中で踏ん張りの力となった。それが漱石のしぶとさであった。

　ただし鷗外も意気軒昂と留学しただけではない。鷗外の最初の小説である『舞姫』は彼のドイツ留学時代を振り返っての作品であるが，ここに書かれていることは日記その他の文章とは大きな隔たりがある。山崎（1980）も指摘するように「今二十五歳になりて，既に久しくこの自由なる大学の風に当りたればにや，心の中なにとなく妥ならず，奥深く潜みたりしまことの我は，やうやう表にあらはれて，きのふまでの我ならぬ我を攻むるに似たり。」（森，2004，p.7）とあり，ドイツ滞在中から漱石とは違った形での自己についての逡巡がある。これが後に自己についての多面的な視点となっていく。

　鷗外は一方で家庭の父親としてもその存在感をしっかりと示していた。良き父親であった。そのことは妹の小金井喜美子や茉莉をはじめとする子どもたちがたくさん書いていることから分かる（森，1991）。社会的な顔の職業人の鷗外と私的な顔の父親の鷗外は並び立っていた。現代でも家庭か仕事かで分かれておりワークライフバランスなども言われるのだが，鷗外のはそれではなかった。どちらにも妥協しなかった。鷗外にとってどちらも捨てられない。社会からの外圧から家庭を守るのが父親の顔であり，明治の新国家建設のために尽力するのが職業人の顔である。そのどちらをも存分に果たそうとした。だが，このある意味矛盾する役割を自覚するところに鷗外の迷いあるいは苦悩があった。その多様な顔に自己の存在の充実よりもかえって空虚を感じていたことは山崎の指摘するとおりである（山崎，1980）。その空虚感の対象化を文筆家としての鷗外が担った。家庭と明治国家の両方を突き進みつつそこに充足感ではなく違和を感じるときに，その空虚を埋めるのが文筆家としてのもう一人の鷗外であり，そのもう一人の鷗外があることが彼の強さであり柔軟性あるいは強かさである。鷗外は，様々な作品や評論を書くことでそれぞれの視点を獲得していった。書かれた作品の中の登場人物の視点，それを書いている作者としての鷗外の視点，そして様々な作品での鷗外の視点をその後ろで見ているもう一人の鷗

外の視点。この複層性によって鷗外のたくましさが形成されてきた。多様な面から自己を見直していける視点の獲得である。社会的な個と私的な個との間で様々な葛藤と悩みがあったにも関わらず，そのどちらも自力で道を選択してきた強さは鷗外のこの複層的な視点にある。このように自分の後ろにもう一人の自分がいること。これが自己教育力なのである。

3　多元的な視点を育成する読書

　多元的な自己を育成するのが，多様な他者との出会いと体験であり，それと同等の効用があるのが幅広い読書である。体験を言語化して自己に取り込むのであるが，言語とそれを系統化した知識によって世界を認識できる。言語と知識がないと様々な出会いや体験は自分のものにならない。目の前にあってもそれが何であるか分からないのである。知識がないと宝石もただの石ころになる。その言語と知識を自己に取り入れるのが読書であり，限りある実体験の幅を広げてくれるのが読書である。

　かつて多くの子どもたちに読まれた物語のうちにジュール・ヴェルヌの『十五少年漂流記』（1888年原典出版，1990）がある。年長者から年少者までの少年たちが船の遭難から協力の末に帰還する物語である。突然の不幸を嘆くでもなく生きるための活動を始めるとともに，大統領を選挙で選び統率のとれた集団を形成していく。洞穴に生活空間を確保して計画的に食料等を獲得していき，生活の環境が整うと年長者が年少者の勉強をみるまでになる。子どもたちの勢力争いからの対立もあるが，敵対している仲間を命懸けで助けて仲直りする。最後は侵入してきた悪の大人を退治して無事に帰還するのである。様々な15人の少年たちが登場するのであるが，それを読む子どもたちは本の世界に没頭することによって，それぞれの少年の考え方や行動をそのまま束ねて自分自身の多様な視点とする。作品中の少年たち一人ひとりが個人の中の多様な自己なのである。その少年たちを後ろで見ているのが作者ヴェルヌの視点であり，この視点を獲得して多様な自己を形成していく過程が読書の営みである。子ども

たちはこんな読書を通じて知らず知らずのうちに多元的な視点を獲得していた。

　ところが，現代ではそんな刺激を子どもたちに与える読書，現代の子どもたちの多元的な自己を育成する読書が期待できるだろうか。本でなくてもアニメ等の映像でも，今好まれているものは小さな世界の身の回りの物語で終わってしまっている。優しさ，思いやりは引き出せるが，今の自分にはないものを探しに行こうとする多様な広がりがなくなってしまって，多元的な視点を引き出せない。そんな日本社会について鷗外の節で引用した山崎は，1960年代までの大量生産時代の目的志向的な価値を共有する「硬い自我の個人主義」と，1970年代以降の多品種少量生産時代の目的探索的で相対的な価値を模索する「柔らかい自我の個人主義」とを対比した（山崎，1987）。ただし，山崎はそれを否定的に考えるのではなく，消費を戒め生産の勤勉さを求める西欧的な硬直した個人主義ではなく，生産と消費を表裏一体のものとして新しい個人の生き方を探求するものとして提起したのであるが，これを世に問うてから30年以上経った現代でも課題のままに残っている。そんな現実が初めに紹介した環境の変化に自在に対応できない子どもたちや学生たちを生み出してしまった。しかし，非常事態の中にも初めの不安や困難を克服した学生もいる。不安を不安とせず困難を乗り越える新たな視点を獲得して多様な対応ができるような多元性を獲得するにはどうすればよいのか。最後にそれを考える。

4　多様な読書にどう導いていくのか

　『十五少年漂流記』と対比されるのがゴールディングの『蠅の王』（1954年原典出版，2017）である。同じように無人島での少年たちの生き残りの姿を描いたのであるが，仲間割れは最後まで修復されず，争いは命懸けで死者まで出している。「十五少年」が自力で帰還するのに対して島の煙を見付けた軍人に発見されるが最後まで平安な救済はない。戦争から疎開する飛行機が不時着するという設定からしてそれを予感させ，木の先に残された豚の首がそれを象徴する。20世紀後半になってから文学作品の世界は大きく変化してきた。共通する価値

観に基づく大きな物語が終わってしまったと言われ，自分自身の満足を優先する消費優先の個々の物語（この二項対立を先の山崎は批判している）が広がった。そして，一見そこに個々別々の多元性があるようだが，多元的な自己の視点とはそれではない。先述したように，多様な自己の視点を後ろから見ているもう一人の視点があってこその多元的な自己なのであり，多元的であっても一つの軸を求めていくものなのである。多元的な鷗外の視点の真ん中には，空虚に向かってはいるがもう一人の鷗外がいた。それが自己のしなやかさであり強靭さであって，そのもう一人の自己を形成していくのが自己教育力である。

　では，学校教育では何をどうしていくのか。こんな時代だからこそ子どもたち自身で自分の大きな物語を描かせるのである。湯川秀樹は広範で多様な読書によって幅広い教養を身に付けていった（湯川，1960）。鷗外や漱石の読書も和洋漢と幅広い。多様な読みから多様な視点を獲得するのである。アップル社のスティーブ・ジョブズは半年で大学を中退しても1年半は聴講生として自分が求める学びを続けた。インドを放浪した後に帰国して禅の会に通う。解雇や死に直面する病気等の様々な苦難を乗り越えていった背景にはそんな多様な出会いがある。2005年のスタンフォード大学卒業式のスピーチでは「当時は先々のために点と点とをつなげる意識などありません。しかし，振り返ると，将来役立つことを学んでいたわけです。繰り返しますが，将来を予測して点を結びつけることはできません。後になって点が結びついたと分かるのです。」と語った（日経BP社，2012，pp.16-21）。その時は何のためとははっきりしなくても，様々な学びと様々な経験がやがて結びついて成果を生む。教養とは知識の量だけではない。学んだ知識が体験と結びついてどれだけ生きて働きかけてくるものとなるか。焼き物の良さは歴史や技法や素材といった知識と自分にぴったりと馴染む茶碗を手にしたときの感動が結びついて初めて分かり，それが教養となる。そんな体験や経験を学校教育の場で用意するには限りがあるが，少なくとも読書を通じた知識を身につける機会は限りなく多く用意したい。

　つまり，学校教育においてはできる限り多くの本，特に古典的な作品に親しませたい。「文学的な文章の詳細な読解」を改めようとしたのは1998-99（平成

10-11）年改訂の学習指導要領からである。もちろん鷗外の『舞姫』でも漱石の『こころ』でも，詳細に読まないと理解できないところもある。だがそれは全体像を把握してこその理解であり，まずは作品全体を読むことから始めないといけない。全体を読んで読書の楽しさを味わうところから始めたい。だが，なかなか「詳細な読解」から抜け出せないのが現状ではないだろうか。

　日本でも取り組みが広まっている国際バカロレアの「言語と文学（国語）」の科目では文学作品の読みが大きな比重を占めている。ある私立高校で近松門左衛門の『曽根崎心中』の授業を見せてもらったことがある。まず家で作品の全体を読んできて，授業ではいくつかのテーマに絞ってグループでディスカッションをする。一つの情景についてそれぞれが持っている意見を交換して，その違いの原因を検討してグループとしての読みを練り上げていく。作品を個人で読んだときの誤解がここで修正される。全体を読んで自分の意見を持っているので議論は活発になる。ここでめざされるのは，最終的には詳細な読解でもあるのだが，それ以上に自分の考えを持って議論する楽しさを味わうことである。この経験を通して生徒たちは読書の面白さ，知らなかったことにはっと気がつくという意味での面白さを理解していく。この面白さから同じ元禄期の井原西鶴へ進み松尾芭蕉へと広がりさらに時代背景の学習と結びついていけば，自分の体験に紐付けされた知識としてそれが教養となっていく。『曽根崎心中』の人形浄瑠璃から歌舞伎やさらに能・狂言と結びついて日本文化の教養となり，演劇の理解としてシェイクスピア等の西洋文化に広げることもできる。そこに養われるのが多様な視点である。

　授業の中で読書の面白さを実感できなければこの広がりはない。自己教育力を養うのは読書のこの面白さであり，詳細な読解だけでは逆に面白さを阻害することもある。新美南吉の『ごんぎつね』では，最後の場面は詳細に読解したいところであるが，そこを教師が一方的に導いていくのではなく，子どもたちに自由に語り合わせたい。そうすることで多様な読み方を実感でき，味わいの広がりから読む面白さを実感する。この面白さから子どもたちは読書を広げていくのである。その先にあるのが多様な読書から獲得する多様な視点であり，

そこから自己教育力が養われていく。

最後に

　困難な状況に立ち向かうたくましい力を生み出すのが多元的な自己であり，多様な学びによって獲得される複層的な視点がそれを育成していく。その視点を獲得していこうとする力が自己教育力であると考えた。その獲得のためには多様な体験と知識が必要で，本稿では読書を通しての多様な知識の獲得を考えた。そのためには誤解を恐れず作品全体を自分で読むこと，その後でその意見を交換すること，そこから読書の面白さを実感することが必要だとした。この面白さの実感が読書と体験の広がりとなっていき，そこから自己教育力が育成され，広く深い教養に支えられたたくましい自己が現れてくる。

参考文献

ゴールディング・ウィリアム著，黒原敏行訳『蠅の王 新訳版』早川書房，2017

市原菊雄・北川茂治編著『高校学校新学習指導要領の解説 国語の内容と指導のポイント』学事出版，1990

梶田叡一「現代社会におけるアイデンティティ」梶田叡一・中間玲子・佐藤徳編著『現代社会の中の自己・アイデンティティ』金子書房，2016

金井景子「遺された庭で育まれた『わたし』たちを訪ねる展覧会『私がわたしであること』に寄せて」，「私がわたしであること」展覧会図録，文京区立森鷗外記念館，2016

水内宏「臨教審以降の教育政策――教育課程政策の展開」『日本教育政策学会年報』1巻，1994，85-101

森茉莉『父の帽子』講談社，1991

森鷗外「舞姫」『新日本古典文学体系明治編25 森鷗外集』岩波書店，2004

森鷗外「航西日記」『新日本古典文学体系明治編5 海外見聞集』岩波書店，2009

無藤隆・北尾倫彦・石田勢津子・梶田叡一・丸野俊一「自己教育力の育成・再考」『教育心理学年報』29巻，1990，29-33

夏目漱石「私の個人主義」夏目金之助『漱石全集　第十六巻』岩波書店，1995

日経BP社『日経おとなの OFF ようこそ禅の世界へ』No.132, 2012

杉浦健『多元的自己の心理学──これからの時代の自己形成を考える』金子書房, 2017

ヴェルヌ・ジュール著, 波多野完治訳『十五少年漂流記』新潮社, 1990

山崎正和『鷗外──闘う家長』新潮社, 1980

山崎正和『柔らかい個人主義の誕生──消費社会の美学』中央公論新社, 1987

湯川秀樹『旅人──湯川秀樹自伝』角川書店, 1960

特集◎いまこそ自己教育力の練成を──コロナ禍に負けない学習者を育てる

●

言葉の力と自己教育力と
「自力読みの力」を育む国語授業への転換を

●

二瓶 弘行 ○にへい ひろゆき

1 ある国語教室の風景──物語授業の現状と困惑

　ある国語教室の風景。6年生の子どもたちが，立松和平の「海のいのち」（東京書籍6年）を読んでいる。この作品は，最高学年の後半期に位置づけられた教科書教材である。したがって，日本全国の多くの国語教室で，子どもたちは，いわば，小学校における物語の学びの到達段階としての読みを展開するはずである。

　その授業は，中心人物「太一」が，師匠である漁師「与吉じいさ」の死に臨み，手を合わせつつ「海に帰りましたか，与吉じいさ。おかげさまで私も海で生きられます。」とつぶやく場面を読みの対象としていた。

　この場面での太一の気持ちを読み深めることが中心課題の本時，子どもたちは，自分の読みをまずはノートに記述し，その後，話し合い活動に入る。自分の考えを発表することに躊躇しない子どもが多く，挙手による発言が続く。「素直な，いい子たちだな」という印象を受ける。

　話し合いを終えた彼らは，授業の終末の段階で，自分の読み取った「太一の気持ち」をノートにまとまる。黙々と鉛筆を走らせる子どもたち。

　そんな彼らの学習を，教室の後ろからずっと見ていた私は，一人の女の子に近づき，「ごめんね。ちょっといい」と，さりげなく聞いてみる。

　「あなたは，今，どうして，第4場面を一生懸命読み取っているの？」

　不意に問われた彼女は戸惑い，しばらくして答える。

　「どうしてって，昨日の国語の時間に第3場面の太一の気持ちを読んだから。だから，今日は，その続きの第4場面の気持ちを読み取っているんです。」

　明日は何するのと聞いたら，きっと答えるだろう。「5場面を読み取る」と。

　そうすること，場面ごとに順番に人物の気持ちを読み取り，その変容を捉えていき，最後にまとめの感想を記述すること。そうやって，ずっと同じように，1年生から6年生の今日まで学んできたこと。それが物語の学習であること。

　彼女は，そう，きっと答えるだろう。素直ないい子だけに，悲しく，切ない。

　また，ある国語教室の風景。

　文学作品を「教材」にして，その作品のもつ内容価値を教えようとする国語科単元がある。

　現行の小学校国語教科書には，「平和教材」と類される文学作品が掲載されている。今西祐行の「一つの花」，「ヒロシマのうた」，あまんきみこの「ちいちゃんのかげおくり」，いぬいとみこの「川とノリオ」……。

　国語教師たちは，これらの作品を学習材にして国語科単元を展開した。一生懸命に教材解釈をし，授業を構想し，読ませ，書かせ，話し合いをさせた。そして最後に，どの子にも言わせようとした。「戦争は悲しく恐ろしい。今の平和な世の中で生きていくことを幸せに思います。」

　これらの単元実践において，「一つの花」や「川とノリオ」は，作品のもっている「平和の尊さ」という価値観を教える単なる教材でしかない。

　よく教室現場で「文学作品の国語授業」と「ある価値を教える道徳授業」との違いは何なのかが話題になることがある。文学作品「一つの花」を使って，

戦争と平和を教えることを目標としたなら，それはもはや国語科授業ではない。

文学作品を読むことで，人間として生きていく上で必要な様々な認識に至ることは決して否定しない。だから，国語教師は，学習材としてどんな作品を子どもたちに出会わせるかに心を注ぐ。たった一編の文学作品が，一人の人間の生き方を変えることさえ，確かにある。

否定すべきは，文学作品を思想教育の道具として扱うことだ。ある一つの道徳的価値観を押しつけるために，子どもに正解解釈を押しつけることだ。子どもたちに悟られないように，巧みに読みの方向を誘導する，その欺瞞性だ。

子どもたちの中には，「一つの花」から，親子の絆を考える子もいるだろう。自分の父親と母親の存在にあらためて思いを巡らすかもしれない。「川とノリオ」を読み，悲しみから立ち直ろうとするノリオの強さを思うだろう。支え合うことの大切さを考える子もいるに違いない。

けれど，この国語教室では，それらの多様な子どもたちの読みは埋没する。「平和の尊さ」を伝えよう，教えようとする良心的な国語教師の懸命な授業によって。

また，ある国語授業での風景。採用二年目の若い先生が，金子みすゞの「ふしぎ」（東京書籍４年）を学習材に懸命になって子どもと格闘している。

授業の山場に入り，先生が中心発問と位置づけているのだろう，次のように問うた。

「金子みすゞさんは，この場面でどうして不思議だと思ったのでしょう。」

この国語教室にいる子どもたちが，哀れに思う。おそらくこの教室では，文学作品である詩の「読みの力」が系統的に教えられていない。

詩は，「虚構」の作品世界であること。この「ふしぎ」の詩も，作者・金子みすゞが言葉を駆使して創造した，虚構のイメージ世界であること。

詩には，「話者」が存在すること。詩「ふしぎ」の「わたし」は，金子みすゞの創造世界における話者であり，読解すべきはその話者の心情や思いであること。したがって，もし発問するなら，みすゞの心情ではなく，あくまでも話者「わたし」の心情でなければならない。

そもそも国語教室で扱う文章には，説明的文章（以下，説明文）と文学的文

章（以下，文学作品）があること。文学作品でも，物語と詩とは教材解釈の観点が異なること。詩は，「場面」ではなく「連」を基本に構成されていること。

さらには，詩には様々な表現技法が駆使されており，例えば「反復」「対比」「比喩」「倒置」「リズム」「オノマトペ」であり……。

力量のない教師のもとで，何にも学んでいない，この国語教室の子どもたち。

また，ある国語教室の風景。

教科書に載せられた文学作品「海のいのち」を毎時間ただひたすらに音読練習する。あと，子どもたちがするのは難語句の意味調べと，新出漢字の練習。好きな場面の視写もするそうだ。そして，単元の最後に，自分の一番好きな場面を選択して，音読発表会をして，単元の学びは終わり。

これまでの「詳細な読解指導」からの変革を目指し，子どもの主体的な学びの意識を大切にしつつ言語能力を育成する，言語活動重視の授業だという。

教科書の「大造じいさんとがん」を音読した後，感想文を書く。その後は，図書室にある椋鳩十全集を適当に多読する。そして，最後に単元のまとめとして，「私の『椋鳩十の世界』」という感想学級文集を作る。読書生活の向上をねらいとした単元だという。

また，いわさきちょうこの「かさこじぞう」を教師の方で場面分けし，それに合わせてグループごとに紙芝居を作らせる。最後にその発表会をして終わり。子どもたちの興味・関心を重視した，学習者主体の授業だという。

一体，これらの授業を通して，どんな言語能力を子どもたちに獲得させようというのか。

様々な国語教室の風景。ここに述べてきた風景は，極端な事例であろう。そうでなければ，この国語教室で前を向いて学んでいる子どもたちが哀れだ。

全国の教室で，多くの教師たちが自分の教え子たちに，確かな「言葉の力」，確かな「物語を読む力」を育むため，懸命に授業を創っていると信じる。

だからこそ，踏みとどまって考えてみよう。物語の授業は，何を教えるのか。

2　物語の「自力読みの力」を育む授業を──再び，ある国語教室の風景

　3週間後に卒業式を控えた6年生3月初めの国語教室。

　クラス全員誰もが読んだことのない，一編の物語作品「瑠璃色の翼」を印刷したプリントを配布する。

　「小学校最後の国語単元で，この物語の『作品の心』を受け取り，みんなで話し合ってみよう。」

　6年生の子どもたちに，自分の読みを創るのに何時間必要か，私が聞く。

　そして，8時間の個人学習の後，それぞれが受け取った「作品の心」を交流し合うことを確認し合う。その際には，担任教師の私自身，二瓶弘行の「作品の心」をみんなに話し伝えることも約束した。

　一人での学びに入る前に，作品の音読だけを全員ですることにする。

　私が「誰か読みたい人，読んでくれる？」という前に，クラス全員が挙手をしている。「ハイ！　ハイ！」などとうるさく叫ばず，静かに「私に読ませて」という意志を目に込めて，まっすぐに手を挙げる。そうすることが「教室に私がいる意味」と，当たり前のように，ごく自然に。

　いよいよ，子どもたちは，8時間の個人学習に入る。

　ある子は，分からない語句を調べるため，国語辞書を開く。ある子は，一人で小さな声で何度も繰り返し音読する。いずれも，物語の読みの大切な初期の活動として，学んできたことだ。

　そして，一人の女の子，マリ子は，「作品のしくみ」を把握する学習に入る。

　まずは，場面を構成する要素である「時・場・人物」に関わる言葉を押さえながら，全体の「小さな場面構成」を捉える。マリ子は，この「瑠璃色の翼」は，8場面構成と読んだ。「時」の表現を検討すれば，おそらく誰もが8場面と捉えることは容易だろう。妥当な読みだ。

　この「小さな場面構成」を捉えることで，作品の大きな流れをつかむことが

できると，マリ子は知っている。これまでの物語の授業を振り返ると，中学年の頃は，加えて「あらすじ」をまとめる学びをしてきた。8つの小さな場面ごとに，「時・場・人物（したこと・思ったこと）」に関わる重要な言葉を落とさずに，なるべく短い一文に表現する。その8つの文を合わせた文章が「物語のあらすじ」。作品全体の大きな流れを捉えるために意義ある活動であるが，マリ子は，「小さな場面構成」を押さえることで，よしとすることにした。

さて，次は，「作品のしくみ」の検討だ。マリ子はこれまでの読みで，この物語「瑠璃色の翼」は典型的な基本4場面の構成だと気づいている。すなわち，第1場面が前ばなし。第2場面から第6場面が出来事の展開場面。そして，クライマックス場面は第7場面であり，その後を描いた第8場面が後ばなし場面。

いよいよ，自分の「作品の心」（その作品が読者である自分に最も強く語りかけてきたこと＝主題）を明らかにしていく読みの段階に踏み込んでいく。

あることが最も大きく変容するところであるクライマックス場面を押さえることで，今後の読みの過程が自ずと見えてくると，マリ子は学んできた。必然的に生まれる「大きな読みの問い」が明確に浮かび上がってくるからだ。「最も大きく変わったことは何か，それはどのように変わったのか，そして，どのように変わったのか」の3つの問いである。

マリ子は，クライマックス場面を中心に，前ばなし場面と後ばなし場面を比較することで，最も大きく変わったことを，物語の中心人物「タマ」の「心の『暗』から『明』への転換」と大きく捉えた。

続けてマリ子は，その読みをさらに具体的に明確にさせるため，出来事の展開を押さえながら，「タマ」の心情の変化を作品全体から読み直す。そして，その「心」を表現している言葉をノートにまとめていく。

決して人前で涙を見せることがなかった「タマ」という人物が，クライマックス場面で仲間たちに肩を優しく叩かれたときに一粒の涙をこぼした。その涙に込められたタマの思いが，マリ子にとっての「オンリーワンの読みの課題」となる。たった一人での読みの過程のたった一つの読みの課題。

マリ子は，「どんな悲しみもいつか希望へ」という言葉で，自分の「作品の心」

をまとめた。そして，その「作品の心」を軸に，物語の最終の感想を文章としてまとめていく。「私の『作品の心』は，この言葉たちによって支えられているんだよ。」ということが，自分の文章を読んだ仲間に伝わるように。

　8時間の個人学習を終えたクラス全員が，最後に学び合う。

　自分の力で読み，しっかりと受け取った，自分の「作品の心」を伝え合う。

　一人の子が，話し始める。仲間たちがいる方に目を向け，仲間に分かってもらおうと懸命に言葉を選びながら，話し続ける。他の子どもたちは，話す仲間の目を見ながら，その話の内容を精一杯に受け止めようと聞く。うなずいたり，微笑んだり，「あなたの話を私はしっかり聞いているよ」と態度で示しながら。

　そうして，その子が話し終わると，「今度は私に話させて。」と，それまで聞いていた子どもたちが手を挙げる。誰かが発言のチャンスを得る。その子が仲間たちに向かって話し始める。仲間たちはまた，その子が何を読み，何を考えたのか，必死に目と耳で聞こうとする。

　クラス全員誰もが，自分の読みを仲間に聞いて欲しくてたまらない。

　クラス全員誰もが，仲間の読みを受け取りたくてたまらない。

　そのとき，子どもたちが創り上げる「空気」の中に，私はいたい。いつか。遠い，「いつか」。

　こんな物語の学びの空間を，私の「自力読み」の授業は追い求める。

3　物語を自らの力で読み進める力と「自己教育力」

　6年生の国語教室。クラスの中でも数少ない，物語を読むことが大好きな男子，悠太。最近の悠太の読書ジャンルは歴史小説である。中でも幕末志士の活躍を描いた司馬遼太郎の著作を片っ端から読み漁っている。特にあこがれている人物は坂本龍馬。彼の父親の影響らしい。

　さて，そんな悠太のある日の学校で出来事。今週から国語授業で，立松和平の「海のいのち」を読み始めている。その一時間目の学習で，担任の先生は，

朗読CDを使って作品との出会いを図った。そして，初読の感想を記述するという学びを組んだ。

中心人物・太一が，葛藤の末に構えていたモリを下ろす場面が，悠太の心に強く残った。巨大な瀬の主であるクエの描写が美しい。そのクエを「おとう」と呼び，「海のいのち」と思う太一の変容に爽やかな感動を覚える。

そんな読後の思いを文章に綴った悠太に，先生は言った。

「さあ，みんな，感想を書けたようだね。明日から，この『海のいのち』を詳しく読んでいこう。」

ずっと，そうだったと，悠太は思う。低学年の頃から，ずっと，そうやって物語の学習をしてきた。でも，6年生の今，彼は思う。

どうして，また詳しく読み直さなければいけないのだろう。確かに，この「海のいのち」は面白いなあと思った。感想まで書いた。それで，いいじゃないか。

だって，ぼくは，一度読んで面白かった司馬遼太郎の作品をすぐには繰り返して読もうとはしない。別の作品に手を伸ばす。もっといろいろな作品を読みたい。それなのに，どうして，学校の物語の授業では，15分もあれば読める作品を何時間も使って，詳しく読む学習をするのか。先生だって，家での読書の仕方は，ぼくと同じだろうに……。

おそらく，悠太のように，「どうして，一度読んで感想を持った物語を繰り返し繰り返し読むのか。」という問いを国語教師に直接ぶつける子どもはいないだろう。彼らは，きっと思っているのだ。「それが，学校での勉強なんだ。家での読書とは違うんだ」と。

だからこそ，もし，私の国語教室の悠太が問うてきたら，しっかりと応えてあげよう。

優れた物語作品は，たった一回きりの読書でも，読者である自分に感想を与えてくれる。それが，物語自体が持っている作品の力だ。面白かった，切なくなった，生きる勇気を感じた，人間っていいなと思った…。様々な読後の思いを優れた作品を読めばもつことができる。

　生活の中での読書なら，それでいい。その感動をもとに新たな作品，た
とえば同じジャンルの，同じ作者の作品に手を伸ばし，好きに読めばいい。
　ただ，これだけは事実だ。繰り返し読むことによって，受け取る感想が
確かに変わること。
　一回きりの読書では，まだ読めていない言葉がある。まだつかめていな
い言葉と言葉のつながりがある。そのつながりを押さえることなくして読
めない，きわめて重く深い言葉がある。その言葉が見えたとき，それまで
見えなかった人物の心情が読める。場面の情景が読める。物語全体を通し
て描かれている大きな変容がはっきりと分かる。
　そして，そのとき，その物語作品は，読者である自分に何かを強く語り
かけてくる。それは，初読でもつことのできた感想を遥かに超えるものだ。
それが「作品の心」。
　教室での授業で，あなたは，詳しく言葉を読むのだ。言葉と言葉のつな
がりを，言葉の隠された重さを読み取るのだ。そうすることによって，物
語から受け取る感想が確かに変わる。そして，その感想の変容の過程こそ
が，物語を読むことの楽しさ，「面白さ」そのもの。
　もう一つ，教室で一編の物語を詳しく読み返す意義がある。それは，と
もに同じ物語を読み合う仲間がいることだ。「わたしはこんな読みをしたよ。
あなたの読みを聞かせて」と，仲間と話し聞き合う。その集団での読みの
過程で，自分とは異なる読みの存在があること，一人では見えなかったこ
とがともに読むことによって見えてくることを知る。
　そして，さらには，それぞれの「作品の心」を交流することで，その多
様性と深さに気づく。そんな体験こそが，仲間と物語を読む「面白さ」の
学び。

　一編の物語をあえて集団で詳しく読み返すという，教室での物語の授業。
　その授業を通して，子どもたちは，物語の読み方，感想（作品の心＝その物
語が自分に最も強く語りかけてくること）の確かな受け取り方を学ぶ。

小学校６年間で子どもたちに獲得させたい「物語の自力読み」の観点　　横山学院教育大学　三瓶弘行

	1・2年で獲得させたい「物語の読み」の観点	3・4年で獲得させたい「物語の読み」の観点	5・6年で獲得させたい「物語の読み」の観点
物語の構成	【いくつの「場面」からできている？】 ○「場面」を区切る（大きな切れ目） ○（いつ）（どこ）（人物）の3観点から見当を付ける。 ＊紙芝居にするなら、何の絵が必要か。 ○一番大切な場面は。大きくガラリと変わる場面	【前ばなし場面】 ○物語のおおもと（もともと）な説明（場面） ○この物語の展開がはじまる（スタート） 【展開場面】いくつもの小さな場面（構成） 【結末場面】前ばなし場面と対応して、どんな絵が描かれているか。 最も大きな変化の、その後が描かれている。	【基本４場面構成】 ○前ばなし場面（＝「設定」の部分） ○出来事の展開場面（＝「展開」の部分） ○クライマックス場面（＝「山場」の部分） ○後ばなし場面（＝「結末」の部分）（変わったその後） ＊クライマックス場面の読みを通して、あること（中心人物・究極の話題）が最も大きな変化（＝結末の重要性）が最も大きな変化の物語全体を通して ①物語全体を通して、一番大きく変わったものは。「何だろう？」 ②それは、どのように変わったのだろう？ ③物語の「大きな話題（中心となる話題・究極の話題） 【ファンタジー物語の基本構成】 ○この世の「現実」－「非現実（入り口）」と「出口」 「現実」－「非現実」と「現実」
時の設定	【時の移り変わり】 ○場面ごとの「時」の把握 ○時々を表す表現	【時】の大きな設定 ○物語全体の「時」 ＊いつの時代の物語？	【時】と出来事の対応 ○この世らしい「時」の設定 ＊時代・年・季節・月・一日（朝・昼・夜）
場の設定	【場】の移り変わり ○場面ごとの「場」の把握 ○場の様子を表す表現	【場】の大きな設定 ○物語全体の「場」 ＊世界・地方〈海・山・村・街〉	【場】と出来事の対応 ○出来事の展開に応じた「場」の移動 ＊場面ごとの「場」
人物	【人物】＝人間、または、人間のように話したり、動いたりするもの（登場する順） ＊出てくる人物は、だれ？ ○どんな気持ちで、どこで ○気持ちらしい人物なのか。感じたこと ○人物のすることや身振り、顔つきなどが変わる。	【中心人物】と【重要人物】 ○〈中心人物〉＝物語全体で、一番大事な、気持ちや行動を描きながら、どのように、どうして、大きく変わったか ＊〈重要人物〉＝中心人物の変容に大きな影響を与える人物	【人物関係】 ○〈中心人物〉と〈重要人物〉の関わりの変容 ○場面の展開に即しての「中心人物」の変容 ＊主な人物は、どんな心情・情景の描写 【人物像】 ○人物の行動や会話・直接・様子をとらえて ○直接的に、人物像の状態・考え方やクライマックス場面で、子どもにわかりやすく表現されている。他との関わりの中で変わる。
あらすじ	【場面の短文】 ○だれが「何をした」 「いつ」「どこで」「した」「思った」	【あらすじ】 ○物語全体の内容を短くまとめた文章 ○場面ごとに「時」「場」「人物」を短くまとめて ＊大切なこと（時・場・人物）を短くまとめる	【あらすじ①】 ○基本４場面を踏まえた文章 【あらすじ②】 ○基本４場面を踏まえた変化（クライマックス場面における「あること」の大きな変化）を中心にまとめる。
表現	【会話文】と【地の文】 ○物の言葉〈物語の中の〉 ＊「会話文」と、他どこどころを「地の文」という。	【描写】＝物語の書き方の技のひとつ。読み手が場面を生き生きと具体的にイメージ・メージ豊かに描きとめる。場面を生き生きと、読み手が物事の気持ちまで感じように描くこと。	【情景描写】＝情景や風景の様子を一体として「手前」に描かれる。登場人物の気持ちを音や声や色など「手前」に描かれて、その情景が前面に浮かぶ。 ○読み手の見え方や物の見方を変え〈情景〉＝視点を引きつけていくこと。その情景が前面に浮かぶ。 【情景描写】＝情景や風景の様子を一体として「手前」
視点			【物語の語り手】 ○物語全体を語り進める〈一人称・三人称〉 ＊〈語り手〉が誰なのか、誰の心の中から物語を語り進めるか。
主題			【作品の心（主題）】 ○作品の心をもとに、自分の心を重く語りかけてきたこと。考えたことや考える広がること。問いの意味を検討。
重要な用語	●【お話】＝物語 ●【作者】＝お話を作った人 ●【昔話】＝昔の人から生まれたお話	●【音読】＝文章を声に出して読むこと。 ●【声の大きさ】＝声の大きさ・高さ・読む速さ・間の取り方 ●【暗唱】＝物語などを覚えて声に出して言うこと。 ●【民話】＝各地に語り伝えられてきたお話 ●【脚本】＝人物のセリフと「ト書き」で、場面の様子や人物の動作などを説明して書かれた文章	●【朗読】＝物語の感情などを、自分の心の感じ方で考えたことや考えが表れるように声に出して読むこと。 ●【語り】＝声に出して語ること。 ●【古文】＝昔の言葉で書かれた、現在では使われない言葉や文章 ●【伝記】＝人物の生き方や一生を綴った文章

　そして，その学びの6年間の系統的な段階的な継続こそが，彼らの生活の中での「一回きりの読書」のレベルを少しずつ向上させていくことに他ならない。

　今，何のために，「言葉の力」を学ぶのか。何のために，この国語教室で学んでいるのか。それは，自ら物語を読み進め，自らの確かな感想をもつための「物語の自力読みの力」を獲得するためである。
　そんな学びの力こそ，私たち教師が子どもたちに育むべき「自己教育力」。

特集◎いまこそ自己教育力の練成を──コロナ禍に負けない学習者を育てる

●

〈茶道の学び〉と自己教育力と

型があるからこその臨機応変な柔軟性

●

伊﨑　一夫○いさき　かずお

1　はじめに──生涯現役の茶道家と「自己教育力」

　本稿は「茶道の学び」と「自己教育力」との関連について考察し，その共通性を踏まえつつ，これからの教育に資する視座を提起することを目的としている。「茶道の学び」は論者が半世紀近く茶道・裏千家の山藤社中として籍を置かせていただいていることによる。

　考察に先立ち，茶道に関する一般的な説明として，小学校道徳科教科書に掲載されている教材文「ぼくのお茶体験」（令和2年度版教科書『小学道徳生きる力6』日本文教出版）を取り上げる。教材に対する大学生（3回生）の解釈を教材研究の一端として紹介したい。

　その後，コロナ禍における茶道・裏千家の取り組みについて紹介し，伝統や格式が問われる茶道の真骨頂が「はたらき」「工夫」にあることを述べる。「時間軸」「空間軸」によって提示される「茶道の学び」は「文化軸」によって価値づけられ，意味づけられる。型があるからこその臨機応変な柔軟性が「茶道

の学び」の本質である。

　伝統文化の代表ともいえる茶道に身を置くことは学ぶ姿勢を持ち続けることである。茶道家として生涯現役であることは「自己教育力」と軌を一にする。「自己教育力」とは，自らが設定した目標に向かって自らの成長を不断に図っていこうとすることである。「茶道の学び」は生涯学習の原動力となり得る。日常と非日常の相対化に「茶道の学び」を組み合わせることによって，新学習指導要領の理念が「自己教育力」に帰着することを導出したい。

2　「相手を敬う気持ちや気遣う気持ちを表す」ための「作法」

　「ぼくのお茶体験」（日文・6年）は，主題名「伝統の心づかい」であり，「相手を敬ったり，気遣ったりする気持ちを形として表す作法の意義を理解し，受け継がれてきた我が国の伝統や文化のよさを感じ，大切にしようとする心情を育てる。」ことをねらいとしている。

　教材文は4ページで，前半2ページ分はゲストティーチャー（高木先生）を学校に招いて行われた「お茶体験」の様子がシンプルなコマ割りによるページ構成によって示されている。「正座」や「お先に」「いただきます」の一礼のこと，お茶のいただき方などの一連の作法が簡潔に描かれている。後半2ページ分はゲストティーチャーによる「作法」に関する説明の後，その「作法」について「ぼく」とゲストティーチャーとが対話するという構成になっている。

　ゲストティーチャーから「作法」についての説明を聞いた「ぼく」は，「相手を敬ったり気づかったりする気持ちがあれば作法にこだわらなくてもよいのでは……」という考えをゲストティーチャーに伝える。その質問に対してゲストティーチャーは「初対面の人や目上の人に，その気持ちを，どうやって，どんな形で伝えるのか」と問い返していく。

　二人のやりとりによって，
・初対面であってもはっきりとした形の作法があればお互いに気まずい思いをすることが減る。

・お茶に限らず伝統的な作法は「形で気持ちを表す」ために作り上げられてき
たものである。

という「作法」に関する意味や意義がある程度とらえられるようになっている。
教材文は「高木先生の言葉に，ぼくは大きくうなずいていた。」という一文によっ
て締めくくられている。

令和２年度版教師用指導書『小学道徳生きる力６』（日本文教出版）によると，
主な発問や教師の支援は以下のようになっている。

○「伝統の心遣い」と聞いて，どのようなことを想像しますか。

○「ほっ……。」とした「ぼく」は，どんなことを考えていたでしょう。

○高木先生に質問した「ぼく」は，どのような気持ちから作法にこだわら
　なくてもよいと思っていたのでしょう。

◎大きくうなずいたとき，「ぼく」はどんなことに気づいたのでしょう。

○「伝統の心遣い」について，今日の学習から学んだことについてまとめ
　ましょう。

○日本の伝統や文化のよさを受け継ぎ，大切にしていることについて話す。

教育学部・小学校コースに属する３回生に最後の説話以外の発問について，
児童の反応を予想してもらった。主発問の「◎大きくうなずいたとき，『ぼく』
はどんなことに気づいたのでしょう。」に対する学生による回答の一例である。

・「作法」は「窮屈な思いをさせる」というだけではなく，「作法」がしっ
　かりしているからこそお互いに知らなくても気まずい思いをしないよ
　うになっている。つまり，初めて会った人や，目上の人に元気よく頭
　を下げて挨拶といった，態度や行動で示すという意味が込められた「作
　法」があることに気付いた。茶道の「作法」に限らず，昔から残って
　いる挨拶などをしっかりしよう，今度は窮屈な思いだけすることは無
　いようにしようということを思った。

- 相手を敬ったり，気遣ったりするだけでは，相手にはその内面的なことが分からない。しかし，形（体全体）で表現すれば視覚的に分かる。「作法」の持つ視覚的な良さに気づいたので，「ぼく」はうなずいた。
- 「作法」があるということは窮屈になるということではなく，人の心と心を繋いだり，気持ちを形あるものとして表すためにあるのだということを知った。「作法」の本当の意味が「形で心を表す」ことだと思い，大きくうなずいた。

　目には見えない「相手を敬う気持ちや気遣う気持ち」を表すために「作法」がある。キーワードは「形で気持ちを表す」である。教材は「ぼく」のうなずきの理由を考えさせることによって，茶道に限らず我が国の伝統や文化の良さが結晶する「型」の値うちについて理解させようとしている。

　さらに教材は最後に「作法を重んずる茶道のよさは何だろう。」と問うている。かなり高度なレベルの問いかけである。以下のように学生は回答している。

- 「作法」を重んずる茶道のよさは，2点あると私は考える。1点目は，「作法」を身につけることで自然と立ち振る舞いや礼儀作法が身につくことである。2点目は，「作法」をなぜ重んずるのかを考え，茶道での「作法」の意味を知り行動することで，相手を敬うという気持ちの値うちを学ぶことができるということである。
- 茶道のよさとは，茶室という静かな空間で茶を点てることに集中することで心を落ち着かせ，それによって自分自身を見直し，精神を高めることができるところである。また「一期一会」という言葉があるように，人との出会いを一生に一度のものと考え，相手に対して最善を尽くすというよさもあると思う。
- 来ていただいた人をもてなす亭主の心とそれを受ける人の双方に心遣いがあり，「作法」でその心遣いに対してお互いが感謝の気持ちを表し，相手に伝えられることが茶道のよさであると思う。

茶道経験のない学生が大半である。「礼儀作法が身につく」「心を落ち着かせ，精神力を高める」などのよさに気づく学生は少数であり，大半の学生は「茶道のよさ」を「気遣う心・思いやる心」でまとめてしまう。教材文に引っ張られてしまう。教材文は茶道のよさを考えるための入口にいざなうことは果たせてはいる。

しかし「型がしっかりあるからこそ臨機応変な柔軟性をもつことができる」という日本文化のしなやかさやたくましさ，つまり「大切にせねばならない部分を維持しつつ，方法や形式は柔軟に変わっていく」という伝統文化の可変性については，別の学習が必要になる。

3　裏千家の濃茶の飲み回しへの配慮である「各服点（かくふくだて）」

閉ざされた茶室で客をもてなす茶道へのコロナ禍の影響は大きく，大寄せの茶会の中止や延期が各地で相次いだ。普段のお稽古場も同様に閉鎖された。とりわけ一つの茶碗で濃茶を飲み回す作法は感染の懸念から行うことがはばかられた。ただ，この濃茶の飲み回しについてはいくらかの誤解もある。

通常のお茶会でいただくお茶は「薄茶」「お薄」「抹茶」と呼ばれ，一碗に一人分を点てていただくサラッとした抹茶である。対して食事と喫茶を含む正式な会を茶事という。茶道の食事は「懐石」と言われ，正式な茶事において「濃茶」「薄茶」を喫する前に提供される料理のことである。濃茶と薄茶が喫茶である。濃茶は客の人数分の抹茶を一つの茶碗に練った濃い茶を連客で回し飲みをしていただく。同じ茶碗で一つの茶を飲むことで，客人同士の心が通じ合い，絆を深めあう。千利休から連綿と続く茶の縁を感じながら「一期一会」を楽しむ。茶事は稽古を重ねた人同士が行う儀式的な要素のある茶会である。

相手と同じ器で飲むことで心を通わせるのは日本独特の伝統文化である。安土桃山時代に大成された茶道は，「茶室」という小空間の中で一服の茶を間に，亭主（ホスト）と客（ゲスト）が対等に向き合い，互いの心を察しあう「場」が創り出され，これが日本の「おもてなしの精神」の源流となった。つまり，

濃茶を含む茶事の連客は親密な間柄同士である。普段の稽古も同じ先生に師事する気心の知れた者同士である。濃茶の飲み回しには，そうした背景や特質がある。「濃茶」を含む茶事と「薄茶」のみの茶会には大きな違いがある。

　人と人とがまさに「密」に接し，いろいろなものを「共有」するなかで亭主と客，また連客同士の結びつきが深められる。「茶室」という空間において亭主と客とが膝を突き合わせ，同じ時間，同じ場所を共にすることによって心の交流が生まれる。現代人にとって茶道は，日本人のルーツとも言える「おもてなしの心」を学ぶとともに，癒やしと精神の落ち着きを得ることもできていた。

　そうした茶道の伝統文化ならではの特質が，コロナ禍によって揺さぶられた。感染症による不安と共存していかなければならない今の状況下において，茶道に限らず，学校教育の日常においてその本質を実践していくことには困難が伴う。関係者が安心して臨むことができることが優先されるべきであり，そのための配慮が必要となる。裏千家の濃茶の飲み回しへの配慮が「各服点」という点前作法である。

　裏千家現在の16代家元坐忘斎宗室（1956〜）は「大変な時代ですが，幸いご先祖さまが100年以上も前に定めてくださっていた。茶の湯を未来に残していくためにも，どなたでも，流儀を問わず参考にしていただければと思います。」と，2020年6月にホームページで「各服点」を公開した（http://www.urasenke.or.jp/movie/explanation/explanation.html）。

4　「茶道の学び」と「自己教育力」とを貫く本質としての共通性

　歴史を振り返ると，茶道はさまざまな工夫で発展してきた文化であることが分かる。幕末から明治への動乱期を担った裏千家11代玄々斎（1810〜1877）は，京都博覧会で外国人をもてなすためにイスとテーブルで茶を供する作法「立礼」を創案した。濃茶の飲み回しについても，裏千家には13代円能斎（1872〜1924）が明治末期に創案した「各服点」という作法が伝えられており，1911年（明治44年）11月にこの点前をしたとの記録がある。「服」とは一服のこと

であり，数人で飲み回す濃茶を「各服」にしようという工夫である。それが前述の「ご先祖さまが100年以上も前に定めて……」である。

裏千家「各服点」の実際の点前は，１人目（正客）までは従来通りの手続きで濃茶を練り（ただし数人分ではなく１人分のみ），２人目からはあらかじめ抹茶をいれた茶碗を人数分，長盆にのせて持ち出し，１碗ずつ練って提供する。規矩作法に則っている点前手続きに，長盆を用いるという「はたらき」「応用」を組み合わせているところに特質がある。

さらに今回公開した作法は明治末期当時と全く同じというわけではなく，和室の広さなど現代の環境に合わせて工夫もされている。「今の世の中に合う各服点を」という「はたらき」「応用」には，大切にせねばならない規矩作法を維持しつつ，方法や形式を柔軟に変えていくという茶道の本質が反映されている。伝統や格式が問われる世界だが，実は工夫こそ茶道の真骨頂である。型がしっかりあるからこその臨機応変な柔軟性は，日本文化のしなやかさである。「茶道の学び」と「自己教育力」とを貫く本質としての共通性は，臨機応変な柔軟性にある。

「自己教育力」とは，自らが設定した目標に向かって自らの成長を不断に図っていこうとすることである。いくつになっても学び続けるということである。「歳を重ねてもイキイキして茶道を学び続けている人は，若い時代に茶道の基礎をしっかりと身につけている方が多い」とよく言われる。

インターネットやＳＮＳが普及し「人と人とがいつでもどこでも手軽につながることができる」と思われている現代だからこそ，一回の出会いを大切にする「茶道の学び」の価値が浮き彫りになる。

昔からある暮らしの知恵を世代を超えた人々とのかかわりの中で実践的に学ぶ「茶道の学び」は，自分の中に「時間軸」と「空間軸」を形成する。道具の扱い方，客をもてなす亭主のふるまい方，一連の所作の連なりとその意味の理解などが「時間軸」と「空間軸」の形成には不可欠である。

暮らしの知恵を「知っている」状態から，さらに「深く理解する」「よく使いこなす」段階へと移行させるためには，「時間軸」と「空間軸」の学びを価

値づけ，意味づけるもう一つの軸が必要となる。それを「文化軸」と名付けるとすれば，「時間軸」「空間軸」「文化軸」の三者が整うことによって「茶道の学び」は成立する。

　昔から行われてきた手続きを「何となく同じようにするものだ」と惰性で続けることは形式的な「茶道の学び」である。「ただなぞる」のではなく「意味を考え，根本をとらえる」ことが肝要である。茶道の真骨頂が工夫であるとするならば，時代に合わせてアレンジできるようになってこそ，実質のある「茶道の学び」となる。さらにアレンジするためには，昔からある暮らしの知恵の意味を問いぬき，本当に身につけておかねばならない。「時間軸」「空間軸」「文化軸」の三者が整う「茶道の学び」が臨機応変な柔軟性を生む。「各服点」の本質は「はたらき」「工夫」にある。

　アナログスキルと同時にデジタルスキルが必要な現代における「自己教育力」は自ら情報収集し，加工し，発信する能力を要求する。情報発信における応用力である。臨機応変な柔軟性が求められる。技術や知識をつなぐ本質がなければ臨機応変な柔軟性は発揮されない。本質的なものの伝承を具体化する「茶道の学び」が，「自己教育力」を価値づける「はたらき」や「工夫」を獲得するヒントを与えてくれる。

5　日本人独特のものの見方や考え方と臨機応変な柔軟性

　「茶道の学び」を「自己教育力」に結びつける「文化軸」による茶道の価値は，茶道にとどまらず日本の良さや伝統文化の意義について再考を促す。コロナ禍による非日常は困惑と同時に，日常の当たり前を再検討する機会にもなった。「日本の良さとは何か」「コロナ禍後に大切にすることは何か」などについて，論者の兵庫県播州赤穂の地域紙「赤穂民報」に掲載された【日本の良さ】と題するコラム（令和2年4月4日付）を紹介したい。

　日本の良さって何でしょうか。こう尋ねられた私たち日本人は「それは

四季があることです」と答えそうになります。

　しかし四季は赤道近くや北極圏，南極圏以外なら世界中のほぼどこにでもあります。四季をモチーフとする音楽，絵画，文学，映画なども世界中に数多くあります。ヴィヴァルディ，ミレー，そしてムーミン……。

　ただ日本の四季は，夏の間は平均してずっと暑い日が続き，冬は寒い日が続くという特徴を持っています。南北に長い日本列島は，温帯湿潤気候か冷帯湿潤気候に属しています。ですから，感じやすい区切りがあり，四季それぞれの特徴が際立っています。

　さらに四季を感じる日本人のセンサーは「春夏秋冬」の四つだけではありません。一年を二十四等分して約十五日ごとに分けた「二十四節気」，さらに細分化された「七十二候」というフィルターを持っています。

　だから細やかな気候の影響を日本人は素朴に受け入れ堪能することができます。日本では四季の移ろいと日々の暮らしや暮らし方，ものの見方や考え方とが強く結びついています。これが日本の良さ，強みです。

　ＮＨＫのユニークなクイズ番組「チコちゃんに叱られる！」で，「風鈴の音を聞くと涼しく感じるのはなぜ？」という問題が出されたことがあります。日本人は風鈴の音を言語脳で受け止めるという解説でした。風鈴だけではありません。虫の「音」は機械音や雑音のような物理音ではなく「声」として受け取ります。日本の良さのなせるワザです。

　四季の移ろいは，単なる季節の変化にとどまることなく，誰しもが経験するであろう人生の喜怒哀楽によってふとわき上がるしみじみとした情趣と結びつきます。「あわれ」は「かわいそうに思う気持ち」にとどまらず「もののあわれ」として日本のＤＮＡになっています。

　我が国や郷土は四季の移ろいと共生できるものの見方や感じ方を日本の良さとして育んできました。学校教育は「伝統や文化に関する教育」として日本の良さを伝えます。

　四季を感じる日本人のセンサー「二十四節気」「七十二候」は，茶道が大切

にしている季節感である。風鈴や虫の「音」を物理音ではなく「声」として受け取ることも，釜の煮えが佳境をむかえたときの「松風」なども茶道ならではのものの見方や感じ方である。茶道では「音を立ててはいけない」のではなく「意識的に」音を立てる。釜の蓋を切る（ずらす）音，茶筅通しの音，茶杓を茶碗の縁で打つ音などを点前の節目節目の音として心がける。いわば心の音「聲」である。四季のセンサーや心の音「聲」というものの見方や感じ方が「茶道の学び」を深め，臨機応変な柔軟性への扉を開く。

このコラムについて，来春から教壇に立つ大学4年生の学生に感想を求めた。

> 私は「日本の良さは四季があること」に対して何も疑問を持たなかった。日本に四季がありそれは他の国にはない日本だけの特徴だと信じ，ほかの国の季節について知ろうともしていなかったし，さらに深く考えることもなかった。だから，「四季の移ろいと共生できるものの見方考え方を持っていることが日本の良さだ」と言われると納得してしまう。日本の良さというのは，私たちの生活にあまりにも馴染みすぎていて指摘されるまでは意識すらしていなかった。
>
> でもよく考えてみると，国語の授業で俳句の季語について習い，生活科の授業で季節の移り変わりを感じるなど，小学生の授業の中には，季節の変化に合わせて教材内容が構成されているものが多い。小さいころからそのような教育を受けてきたことで，他国とは違う日本人独特のものの見方や考え方になっていくのだろう。
>
> 学校教育の中でこれらの良さを感じ，誇りをもって日本の良さを世界に発信できる子どもを育成していきたい。

> 「日本の良さは？」と私自身が尋ねられたとしても，私は答えられないと思う。コラムには「日本は四季の移ろいと日々の暮らし方，ものの見方や考え方が強く結びついている」と書かれている。確かに言われてみれば

である。コラムによって，私は日本の良さについて再度考えてみることができた。

　私は，食の中に日本の良さが位置付いていることに思い至った。例えば京都の家庭料理である「おばんざい」。「おばんざい」は季節ごとの旬の食材が使われている。日本人は食卓に旬の食材が並ぶことで季節を感じ，当たり前に日本の良さを学んでいるのではないか。「食」のインパクトは強い。味覚の変化は食生活そのものを変えてしまう。

　学校教育の中で「伝統や文化に関する教育」としての日本の良さを伝えるために「食」以外にも，四季の移ろいとともに共生しているもの・できるものを知る努力を行い，積極的に伝えていく必要があると感じた。

　学生は，日本人独特のものの見方や考え方に気づき始めている。その手掛かりが俳句の季語，生活科の学習材，家庭料理などにあることに気づいている。「茶道の学び」を「自己教育力」に結びつける「文化軸」は，茶道にとどまらず日本人の当たり前の暮らしやさりげない振る舞いの中に埋め込まれている。それゆえに意識的に見つめなければ気づくことはできない。「茶道の学び」はその気づきのハードルを下げてくれる。

6　心までが感染してしまうことのないように

　「自己教育力」は，単に自分で物事を学び，それを身につける力としての「自己学習力」を超えて広く人間づくりを視野に入れ，人間性の涵養が内在されている点において，その人の生き方の原動力ともいえる力，「生きる力」である。

　学習指導要領は，教育課程全体や各教科などの学びを通じて「何ができるようになるのか」という観点から，「知識及び技能」「思考力・判断力・表現力など」「学びに向かう力，人間性など」の３つの柱からなる「資質・能力」を総合的にバランスよく育んでいくことを目指す。学校での学びが「生きる力」となり人生につながること，社会が変化し予測困難な時代になっても，自ら課題

を見付け，自ら学び，自ら考え，判断して行動し，それぞれに思い描く幸せの実現を願っている。「自己教育力」は「教育の古くて新しい課題」である。

　コロナ禍という非日常の日常下では「教育の古くて新しい課題」が再認識される。見通しの持てない不安がその動きを加速させる。しかしコロナ禍によるピンチは，「こうありたい」を問い直し，未来の時代を生み出すチャンスとなる。これまでの価値観を変えられる人は，変えてはならない価値を知る人であり，臨機応変な柔軟性に富む人である。

　３月から６月まで閉鎖されていた茶道教室も７月に入り，消毒液やハンドソープなどが用意され再開された。点前をする人はマスクをし，お茶を飲むときだけマスクを外すというスタイルである。「これまでは行わなかった手間をかけてでも茶道がしたい」「たゆまず茶道を続けてきたことが知らないうちに自分の人生をつくってくれていたことに気づいた」が共通の思いである。「茶道の学び」が「生きる力」に直結していることが実感できた。「自己教育力」は生涯現役の原動力である。心までが感染してしまうことのないようにという願いが臨機応変な柔軟性を鍛える。

文献

伊﨑一夫「コラム・日本の良さ」『赤穂民報』2020.4

伊﨑一夫「コラム・消し去ってはダメな言葉」『赤穂民報』2020.8

令和２年度版教科書『小学道徳生きる力６』日本文教出版

令和２年度版教師用指導書『小学道徳生きる力６』日本文教出版

特集◎いまこそ自己教育力の練成を——コロナ禍に負けない学習者を育てる

●

算数科教育を通じて
自己教育力を

●

金山　憲正○かなやま　のりまさ

　2020年度から運用が始まった新しい学習指導要領は，文部科学省の「学習指導要領改訂の考え方」を踏まえると，「新しい時代に必要となる資質・能力を踏まえた教科の目標・内容」を「主体的・対話的で深い学びの視点で改善された学習過程」を通して，「学びを人生や社会に生かそうとする学びに向かう力や人間性等の涵養」をめざして改訂されたものである。

　学習指導要領改訂の考え方として明示されている「何を学ぶか」「どのように学ぶか」「何ができるようになるか」にあたる部分が，「学びを人生や社会に生かそうとする学びに向かう力や人間性等の涵養」であり，まさに，このことが自己教育力の育成にあたると考えてもよいであろう。

　ここでは，自己教育力を「主体的に学習へ取り組もうとする意欲であり，学習の仕方の習得であり，生き方の問題にかかわるもの」と捉え，その力をより効果的に育てていくための算数科教育のあり方と進め方について考えていく。

Ⅰ　数学的な見方・考え方を働かせる問題解決の過程と自己教育力

　算数科の学習においては，「数学的な見方・考え方」を働かせながら，知識や技能を習得したり，習得した知識や技能を活用して探究したりすることにより，生きて働く知識となり，技能の習熟・熟達にもつながるとともに，より広い領域や複雑な事象について思考・判断・表現できる力が育成されると考えられる。さらには，このような学習を数多く経験することで，「数学的な見方・考え方」がより一層豊かで確かなものとなっていくのである。

　また，算数科において育成をめざす「学びに向かう力，人間性等」についても，「数学的な見方・考え方」を通して社会や世界にどのように関わっていくかが大きく作用しており，「数学的な見方・考え方」は資質・能力の三つの柱である「知識及び技能」，「思考力，判断力，表現力等」，「学びに向かう力，人間性等」の全てに働くものである。

　この数学的な見方・考え方を働かせて課題を解決したり，解決に至る学び方を身につけたりする学習活動の場を設けるのに適していることから，算数科では問題解決の過程を通した指導を充実させることが重視されているのである。

　問題解決の活動は，新しい問題に出合ったとき，まず，「これまで学習してきたこととどこが同じでどこが異なるのか」「うまく処理できない原因は何なのか」などとの疑問や困惑などを抱くことを契機として，解決すべき課題を明確にとらえることから始まる。そして，その解決に向けて，「前に学習した○○とよく似ている」「前に使った△△の考え方を使えば」などと既習の事柄と関連付けながら見通しを持つ段階へと進んでいく。次に，見通しを手がかりにして数学的活動や筋道立てた考え方で解決方法を見つけたり説明したりする活動に取り組むこととなる。さらに自分の考えと友だちとの考えを比較したり集団での対話を通したりして，見つけたいろいろな解決方法の中からより簡単な方法，能率的に処理できる方法，一般的に使用できる方法はどれかを検討するといった，よりよい解決をめざした活動へと向かう。まとめの段階では，既習

の知識や考え方を手がかりに「見通し」が持てたこと，見つけた解決方法が対話を通すことによってより確かでより良いものにできたことなど，解決に至るまでの一連の活動を振り返りその良さを理解することで問題の解決に迫るための学び方を強く意識することになる。

　このように問題解決の活動を通した学びは，既習の知識や考え方などを活用し，それらの有用性やよさなどについての理解を深めることができるとともに，新たな知識や考え方などの必要性に直面し，それにふさわしいものを生み出したり，発見したりすることもできるのである。それゆえに，問題解決の活動を充実させるということは，既習の知識や技能，数学的な考え方などを手がかりとして，筋道を立てた考えで，自力で解決していく力を培い，自ら学ぶ力を高めるといった自己教育力を育てていくための重要な指導の手立てになるといえるのである。

　学習指導要領改訂の考えでも強調されていることもあり，こうした問題解決の過程を踏まえた指導を重視していこうという方向に教育現場の意識が向かいつつあることは研修会等を通じても強く感じられるところである。しかし，平素の授業となると依然として教科書解説型や知識注入型での授業がかなり見られるというのも現状である。また，そうではなく問題解決の活動を重視した指導を考えてはいるものの，１時間の学習展開のみに焦点が当てられ１時間１時間の解決活動が単発で終わっているという，大変もったいないとも思える実践も見受けられる。確かに１時間の学習が充実した問題解決の活動により，その時間のねらいを十分に達成されることは必須ではあるが，そこでの解決の活動が１時間だけのもので終わってしまうのではなく，単元を通して連続した探究活動となるように考えることが重要である。それは，１時間ごとの問題解決の活動を積み上げたものが単元全体にとっても大きな問題解決の過程となっていることに気づかせ，その過程を踏まえることのよさを分からせることも，学び方を学ばせる上で大きな効果をもたらすことが期待できるからである。

　しかし，算数科の指導において全ての単元や全ての時間が問題解決の過程を踏まえた展開に適しているのかというとそうではない。教えなければならない

指導内容もある。教師が教えなければならない指導内容なのか，それとも考え
させるべき指導内容なのかをしっかりと見極めそれぞれの内容に適した指導を
行うことが重要である。教えなければならない内容について時間を費やして考
えさせようとしても，そこでは数学的な考え方の活用は望めないばかりか，問
題解決の過程を踏まえて学習を進めるよさを分からせる機会をも失わせてしま
うことになる。それだけに，ねらいに沿った授業を的確に展開するためには教
師の教材研究力が大きく問われてくるのである。

　ここまで，算数科指導において問題解決の過程を踏まえた学習活動を重視し
て日々の授業を継続的に実践することは，新しい困難に出合った際に，既習の
知識や数学的な考え方などを手がかりにどのような手順でそれを解決していく
のかという学び方を学ばせることとなり，自己教育力の育成に大きく寄与する
だけに是非とも取り組みたいこととして述べてきた。

　しかし，ここで確認しておかなければならないことがある。それは，授業ス
タイルを問題解決の過程にすればそれで良いという話ではないということであ
る。授業における子どもの解決活動が指示されて取り組むような受け身的な活
動ではなく，自らが主体的に取り組む活動でなければしっかりとした学び方が
身につくことは期待できず，問題解決的な授業スタイルに転換したねらいを十
分に達成することは難しいのである。つまり，子ども自身が自らの力で問題の
解決に挑んでいくといった主体的な取り組みがあってはじめて問題解決の過程
を踏まえた学習展開の効果が現れることになる。それだけに，子どもの主体的
な解決活動をいかに充実させるか指導者の力量が問われるのである。

Ⅱ　主体的な問題解決の活動と自己教育力

　子どもが主体的に解決活動に取り組む授業を充実させようとするとき，重要
な役割を果たすのが内面性からの着眼点ということになる。梶田氏は「人間
教育：Education for Human Growth」を子ども一人ひとりの個性的で主体的
な成長を実現していくことと定義している（梶田，2016）。教育を通して「人

間」という名に真に値する主体の育成をめざすことが人間教育であり，内面性
に着目した教育活動が重要な観点の一つとなり，その充実に向けての取り組み
が必要不可欠なものになると述べている。また，『内面性の人間教育を』（梶田，
2014）の中で，内的な「かわき」「うながし」と内発的なやる気との関係につ
いて取り上げ，内面性に着目することの重要性を説いている。

　ここで，内的な「かわき」「うながし」とはどういうことを意味しているの
かに少し触れておかなければならないであろう。内的な「かわき」というのは，
約束や義務があるわけでもないのに何かをやらなくてはならないという気持ち
が自然に生じる状態である。例えば，のどが渇いていれば自然と水を飲む行為
に結びつくようなものである。授業で言えば疑問や興味を持つ状態ととらえら
れる。これまでに述べてきた活動の原動力となる強い問題意識を持つ段階の状
態である。

　また，内的な「うながし」というのは課題意識や問題意識をもたらすととも
に，そこから学習活動が始まっていくきっかけやはずみになるものである。つ
まり，考えてみましょうとの外的な「うながし」の指示がなくても，子ども自
らが解決に向けて考えていこうとする活動が起こる状況をつくることである。

○「かわき」や「うながし」を誘発する「場」と「もの」………………

　ここで用いている「もの」は「指導で用いる素材・教材等」のことを総称し
て示している。子どもの主体性を問題にするのだから，まず，学習の第一歩を
子ども自らが踏み出しているかどうかが重要になってくる。指示されるからす
るのではなく，したいからするというような，せずにはいられない心情にから
れて活動を起こすような学習の第一歩でありたいものである。

　子どもが自ら第一歩を踏み出すようにするためには，「もの」との出合いを
工夫して，「わあ，すごい」「おもしろそう」「やってみたい」「知りたい」など
の心情（感動）を引き出す必要がある。これらの，興味・関心・行動欲・知識
欲は，子どもを活動へとかりたてる。そして，「もの」に働きかける中から，「ど
うも説明し切れない」「今までの考えが使えない」などと，なにかしらの障害

を感じたり，できるのだけれどももっと簡単にうまく処理する方法はないかとか，いい考えができそうだとか，より簡潔な，見通しのよい見方や方法などに対する期待や関心が生じてきたりする。このとき，困惑・葛藤・不安・疑問・当惑・憧れといった，認知的不均衡の状態が生じたと言えるのである。そして，「もの」は学習の対象として意識される。つまり，初めに提示する「もの」は，子どもたちに，興味・関心・好奇心を生じさせ，それらを満たそうとする意欲を呼び起こさせるものでありたい。

「もの」に働きかける中から，認知的不均衡の状態を意識した子どもたちは，それを解消するために，「こんなことを」「こうすれば」「こうではないか」などといった，いわば手さぐりの状態でさらに「もの」と対話を続ける。

そういった試行錯誤の過程を通して，何が障害となってうまくいかないのか，どんな点をはっきりさせると既習のものと同じように考えられて満足できるのか，といったことが明らかになり，目標が設定されてくるのである。こうして，初めは障害と考えられたことがらについて，既習のものを手がかりとして処理できるようになると，「うまくできた。もっと……」という創造欲が，次の新たな進むべき方向を決定し解決へ向かわせることになる。

目的意識や達成意欲に支えられ，自らの発想を生み出し，問題解決の活動を推進していくところにイメージの広がり，鮮明化が期待できる。そして，目標が達成されることによって生じる創造欲が，新たに進むべき方向を決定し，解決へ向かわせることになる。

このように，子どもたちが既習の知識や手法とのつながりをつけたり，見方や考え方を変更したりしながら，よりよい発想を生み出し，主体的な問題解決の活動を繰り返すことが，数学的な概念を深めていくとともに学び方を身につけさせていくことになる。この一連の主体的な解決活動が自己教育力を育てていくことにほかならない。

それゆえに，主体的な活動の原動力となる「かわき・うながし」を誘発する「場やもの」と子どもをいつどのように出合わせるかということが重要であり，いかに的確な教材研究をしたのかが教師の腕の見せどころである。

○よりよい解決に向けての対話的な学び…………………………………………

　見通しをもとに自分なりに一応の解決にたどり着いたと思っても，そこで満足して活動を終わらせてしまわないで絶えずよりよいものを追究していく習慣をつけることが自己教育力を育てる上で大切になってくる。「対話的」という言葉から人と意見を交換し合う場面をまず思い浮かべるであろうが，対話には自己との対話（自問自答）も含まれているのである。この自己との対話というのは，自分のたどり着いた解決に対して「本当にこれで良いのだろうか」「もっと別の良い考え方があるのではないかな」「これはいつでも使える方法なのかな」などと，絶えず自分が自分に問いかけることである。ここでの指導では，子どもが前に述べた自己との対話にしっかりと取り組めたことを確かめた上で，グループや学級全体等の集団での対話に取り組ませるように留意する必要がある。つまり，一人ひとりの子どもが自分なりの解決や考えを持った上で集団での対話の活動となるようにしなければならないということである。なぜなら，たとえ十分な自信を持つことができていない考えであっても，それを準備せずに集団での話し合いに参加させると「○○さんは算数が得意だから同じ考えにしておこう」とか「誰かが答えを発表してくれるだろう」などと，他の人に頼ってしまう他力本願の子どもを育ててしまうことになるからである。これでは，問題解決の過程を通して主体的に学習活動に取り組む子どもを育てるというねらいからはほど遠い指導になってしまう。それだけに，よりよい解決に向けての対話的な活動をさせる際には，一人ひとりの子どもが適切な見通しを手がかりにして自分なりの解決にたどり着かせることが必須となる。そこで指導者に求められることは，既習のどの知識や考え方を想起させることが見通しを持つことになるのかを見極め，手がかりをつかませるための適切な発問や助言を用意することである。ただし，この見通しを持たせる場合においても，安易にグループによる話し合いをさせることのないように気をつけたい。話し合いに参加させる場合には，「たぶん」でも良いので自分の考えを持った上での対話でなければ，前に述べたよりよい解決に向けての話し合いの場合と同じ理由で主体的な学びを期待することができないからである。

　指導者に求められることは，これから指導する内容がこれまでのどの内容とどのような考え方で関連しているのか，次の学習にどう活用されるのかを，見極める教材分析力を身につけておくことである。また，平素から「私の考えとどこが同じでどこが違うのか」「いつでも使える方法は」「最も簡単に処理できるのは」との問題意識を持ちながら，友だちの意見を傾聴する態度を育てていくことを念頭に置いた指導を積み上げていくことが大切になる。

Ⅲ　解決の過程での振り返りと自己教育力

　「見通しを持って解決に向かう」，「よりよい解決に向けて自問自答を含めた対話を通す」などの，問題解決の過程を通した活動で育てたいこれらの学び方は，その有用性を感じ取ってこそ身につくものであり，以後の学習に生きて働くものとなる。

　そこで大切になってくることは，自分がどのような見通しを持って解決に取り組んだのか，それはこれまでのどの学習を手がかりとしたのか，友だちの考えはどうだったのか，そしてどのようなことが分かったのか等と「振り返りとまとめ」の機会を充実させることである。

　なぜなら，課題の解決に至ったとしても既習のどの知識を活用したのかということや，どのように工夫して考えたのかということなどを，子どもが的確に捉えているかといえば必ずしもそうではない。それだけに，解決したのでそれで終わりとしないで，「課題の把握→見通しを持つ→見通しに従ってためす→より良い解決への練り上げ」といった問題解決の過程における活動を順を追って振り返り，課題の解決をめざしてどのような既習の知識・技能や考え方を活用したのかをしっかり意識づけその学び方のよさを理解させることが重要になる。

　例えば，小数の計算0.3+0.4 の計算の仕方を考える学習では，300+400 の計算を 100 を単位にして 100 が 3+4 という簡単な整数の計算で処理したことを手がかりに，0.3+0.4 の計算でも 0.1 を単位に考えるとよいのではとの見通しを

持ち解決できたことを振り返りまとめるのである。この活動を通すことによって，既習の学習を手がかりに見通しを持って解決に向かう学び方や，単位に着目するといった数学的な考え方を用いた処理のよさが再認識される。

　このようにまとめの段階での振り返りを充実させることは，今後の学習で活用する知識・技能や数学的な考え方とそれらを用いた解決の仕方を，「活用できる状態」で身につけさせることになる。この学習活動の積み上げが，次の新たな課題の解決に取り組んだとき，既習の知識・技能の中から使えそうなものを探して的確な見通しを持って解決に取り組むといった学び方を定着させ，自己教育力の育成に向けた役割の一翼を担うことになる。

　また，問題解決の過程を通した学習が行われた際には，学校で行われた学習時間中の「振り返りとまとめ」に加えて，家庭学習として一時間の解決に至る過程を思い起こしてノートに整理させるのも学び方を学ばせる上で効果が期待できるところである。

　下に掲げたノート例は，筆者が約40年前の教員時代に授業をした後の家庭学習として一時間の振り返りをまとめさせた子どものノートである。なお，下線部は筆者が書き加えたものである。

　これらのノートから既習事項を手がかりに見通しを持ったり，見通しを持つ

家庭学習で一時間の振り返りをまとめたノート例

ことの大切さに気づいたり，友だちの考えと自分の考えを比べたりなど，学び方がある程度身についてきていることがうかがえるであろう。ただこの場合，計画的なノート指導が必要となることも合わせて考えておかなければならない。算数のノートというものを，計算をしたり板書を記録したりするだけのものとしてとらえるのではなく，自分がどのような考え方で解決したのか，友だちはどのように考えていたのか，一時間の解決活動でどのようなことを見つけたのかなど，自分の思考過程を自分の言葉でわかりやすく記述したものであるととらえさせておくことがポイントになる。算数という教科が系統を重視する教科であるのと同じように，算数のノートも低学年から計画的な指導を継続することにより，ノートへの表現の仕方や自分の参考書としてのノート活用の仕方が定着することになる。ノート指導には根気と時間が必要であるが，問題解決型の授業を充実させ学び方を育成する手立ての一つとして重要な役割を担っているだけに，学校においては全校的な指導が継続的に実践されることが望まれるところである。

参考文献

梶田叡一『内面性の人間教育を』ERP，2014

梶田叡一『人間教育のために――人間としての成長・成熟を目指して』金子書房，2016

金山憲正「生きる力の育成と主体的な問題解決活動――イメージ・発想と問題意識の深まり」『人間教育学研究紀要』(3)，2015，27-37

金山憲正「算数教育と人間性の涵養」梶田叡一責任編集・日本人間教育学会編『教育フォーラム63 人間性の涵養――新学習指導要領の究極的な目標は』金子書房，2019，pp.48-57

特集◎いまこそ自己教育力の練成を——コロナ禍に負けない学習者を育てる

●

社会教育活動を通じて
自己教育力を

●

今西　幸蔵○いまにし　こうぞう

1　社会教育と「自己教育力」

　本稿は，わが国の生涯学習推進の一つの柱である社会教育活動において，成人の自己教育性がどのように育成されるべきかを考察し，その視座から学習成果を確認しようとするものである。

　日本の社会教育は，主に成人を対象とした非定型で自主的・自発的な教育活動であり，国際社会においては成人教育の範疇の一つとして理解されている。ここでは，成人の自己教育性を高め，自己教育力の獲得につながる社会教育活動のあり方について，成人学習論の視点からの考察を加えながら論考を進める。

　自己教育力という用語が広く国民に使用されたのは，1980年代に入ってからであり，1981年の中央教育審議会に諮問された「時代の変化に対応する初等中等教育の教育内容などの基本的な在り方について」の審議の中での教育内容等小委員会報告（1983年）が契機となっている。

　しかし，社会教育・生涯学習研究者間では，もう少し早い時期から使用されていた用語である。戦後の社会教育法制定時において，社会教育の考え方とし

て，自己教育が重要なキーワードであるという認識があった。当時の文部大臣
高瀬荘太郎は，参議院において，「元来社会教育は，国民相互の間において行
われる自主的な自己教育ではありますが，教育基本法第七条にもありますよう
に，一面国及び地方公共団体によって積極的に奨励されなければならないもの
であります」と法制定の趣旨説明をしている（第5回参議院文部委員会会議録，
1949）。

　社会教育は，個人の内的開発をめざした教育を非定型の形で実施するため，
規範的な性格の活動にはならない。特定の学習集団には，一定の様式の学習を
用意するが，基本的には自己教育活動に基盤がある。

　1985年の臨時教育審議会第一次答申は，個性重視の原則を掲げ，「知識・情
報を単に獲得するだけでなく，それを適切に駆使し，自分の頭でものを考え，
創造し，表現する能力が一層重視されねばならない」として，個人の主体的・
自律的な能力の育成を強調した。

　パリのユネスコ本部における会合で，ラングラン（Lengrand, P.）が報告し
た第3回成人教育推進国際委員会ワーキング・レポート（1965年）は，教育の
自己学習性や自己教育性を前提に，教育機会の時間的・空間的統合を提示して
いる。これを受けたハッチンズ（Hutchins, R. M.）は，学習社会論を提唱，そ
の考え方は1972年のユネスコ教育開発国際委員会のレポート（フォール・レ
ポート）『ラーニング・トゥ・ビー』（Learning to Be）に引き継がれた。「学
習社会」（learning society）は，未来社会を示す基本的概念であり，人間は教
育の客体というよりも，むしろ主体としての性格を帯びるとするフォール・レ
ポートは，「未来の学校は，教育の客体を，自己自らの教育を行う主体にしな
ければならない。教育を受ける人間は自らを教育する人間にならねばならない。
他人を教育することが自己自身を教育することとならねばならない」と述べて
いる（ユネスコ教育開発国際委員会，1973）。

　社会教育・成人教育研究において，教育の根本に関わる自己教育や自己教育
力は重要な概念であり，学校教育領域では多くの質の高い研究がなされている
が，社会教育領域では散見する程度である。社会教育において自己教育という

用語が多用され，社会教育の本質として語られているにもかかわらず，自己教育や自己教育力に関わる研究が進んでいないのはなぜであろうか。社会教育研究が経験的事象を対象とし，多種多様な活動と主体が存在し，多義性が著しいために，データが客観化されにくいこと，これまでの研究で，自己形成の過程が理論的に客体化されてこなかったことなどの理由が考えられる。

2　自己教育力の解釈，論点の根拠となる視点

　社会教育活動における自己教育力の問題を考える際に，自己教育と自己学習という２つの用語について整理してみる。両者の区分について，尾崎仁美氏や山本恵子氏の研究が参考になる（尾崎・山本，1997）。尾崎氏らは，1981年に中央教育審議会に諮問された「時代の変化に対応する初等中等教育の教育内容などの基本的な在り方について」の審議で，教育内容等小委員会報告において，自己教育力の内容が問われたとし，それを主体的に学ぶ意志，態度，能力などをいうと定義した上で，「学習意欲と意志の形成」「学習の仕方の習得」「生き方の探究」の３点が挙げられたと説明する。自己教育が自己学習と異なる点として，「『生き方』の問題と関連させて論じている点であろう」と述べ，「『自己教育力』という概念は，単に自分で物事を学び，それを身につける力としての『自己教育力』を超えて，広く人間づくりを問題としている点で，人間の問題をより総合的に捉える概念であると言えよう」と説明している。

　尾崎氏らの説明を整理すると，自己教育力とは，自己学習力を基底とした生き方の問題として人間形成に関わって行われる教育，言うならば「人間教育」によって得られる力を指す概念だと考えられる。

　この自己教育とは何かという命題について，梶田叡一氏は『自己教育への教育』（1985）の中で，「自らのねがいやねらいを持ち，自らの現状と目標との関係についてはっきりした認識を持つ，という自覚的姿勢を常に持ちながら，どのような場面においても目標の方向へ向かって自らに働きかけ，不断に自らの向上，成長，前進をはかる，という構えと意欲を，そしてそのための技能を，

身につけていくこと」と説明している。

　その上で，学校教育で育てるべき多岐にわたる自己教育性を「構えと力」としてとらえ，「Ⅰ 成長・発展への志向」「Ⅱ 自己の対象化と統制」「Ⅲ 学習の技能と基盤」「Ⅳ 自信・プライド・安定性」の4つの側面をあげ，自己教育性を構成する主要な柱として示している。さらに梶田氏は，4つの内の3つの側面（「Ⅳ 自信・プライド・安定性」を除く）それぞれに2つずつの視点があるとしている。

　「Ⅰ 成長・発展への志向」については，「目標の感覚と意識」「達成・向上の意欲」，「Ⅱ 自己の対象化と統制」では，「自己の認識と評価の力」「自己統制の力」，「Ⅲ 学習の技能と基盤」では，「学び方の知識と技能」「基礎的な知識・理解・技能」があり，これら6つの視点と全体の土台となっている「Ⅳ 自信・プライド・安定性」を視点として加え，7つの視点で理解することになる。また，これらの視点は相互に関連性があると考えられている。

　この梶田氏の「自己教育力」を考える上での重要な指摘は，問題提起であるとともに，「自己教育力」の内容分析に関わる指標と構想を示したものと考えられ，「自己教育力」を論じるにあたっての出発点となる。

3　アンドラゴジーの視座からの「自己教育力」の解釈

　アンドラゴジー（Andragogy）を体系化したノールズ（Knowles, M. S.）は，自己管理的な学習（self-directed Learning）を提唱したが，アンドラゴジー・モデルの前提となる特徴をまとめると以下のようになる。青少年期から成人期への移行期における自己概念の形成においては，学習者の自己管理性が重視される。学習者の人生や生活によって集積された経験は，学習を通して経験を積む以前に自他の学習資源としての価値を増大する。学習レジネス形成は，個人が直面する生活課題から出現し，学習への適切な指導は課題や問題が中心となる。学習への動機づけは学習者の内発的な誘因によってもたらされる（池田，1990）。

　ノールズが指摘した自己概念は，依存的なものから自己主導的なものに変容
する過程で発揮される自発性や自律性が自己概念形成において重要な位置を
占め，成人の心理的特性を尊重した学習支援が必要だと考えられている（堀，
2006）。ノールズは，成人教育においては成人の成長や発達につながりやすい
ある種の「学習の条件」があり，いくつかの「教授原理」に基づく学習－教授
の場での実践によって生み出されると指摘している（ノールズ，2002）。

　学習が内在的プロセスである社会教育活動のような成人教育実践においては，
人々の自発的な探求に深く関わるような方法と技法が優れた学習を生み出すと

表　「自己教育力」7つの視点と成人教育の学習条件・教授原理
（梶田（1985，pp.29-30）と堀・三輪（2002，pp.62-63）をもとに作成）

7つの視点	学習の条件	教授原理
1．目標の感覚と意識	学習者は，自分の目標に向かって進歩しているという実感をもつ。	教師は，学習者とともに，学習の目標への進歩の程度を測定するために，お互いが了解できるような，規準と方法を開発する。
2．達成・向上の意欲	学習者は，学習プロセスに積極的に参加する。	教師は，学習者が相互探求のプロセスにおいて，自分たちで責任を共有できるような学習の組織化を援助する。
3．自己の認識と評価の力	学習者は，自分の目標に向かって進歩しているという実感をもつ。	教師は，学習者がこうした規準にもとづく自己評価の方法を開発し応用していくことを援助する。
	学習者は，学習経験の目標を自分自身の目標であると感じる。	教師は，共同で学習目標づくりをしていくプロセスに学習者を参加させる。そこでは，学習者，組織，教師，教科そして社会のニーズが考慮される。
4．自己統制の力	学習者は，学習の必要性を感じている。	教師は，学習者の個人的条件の差から生じる，生活上の課題を明らかにすることを援助する。
	学習者は，学習経験の計画と実践における責任を共有する。そうして，それに向けての参加意識をもつ。	教師は，学習経験の計画，教材と方法の選択をともに考え，学習者にこれらの選択の共同決定に参加してもらう。
5．学び方の知識と技能	学習プロセスは，学習者の経験と関連があり，またこれを活用する。	教師は，討議やロールプレイングや事例法などの技法の活用によって，学習者が自分自身の経験を学習資源として活用することを支援する。
6．基礎的基本的な知識，理解，技能	学習者は，学習の必要性を感じている。	教師は，学習者が希望する課題達成のレベルと現在のレベルとの差を診断することを援助する。
7．自信・プライド・安定性	学習環境は，身体的なやすらぎ，相互信頼・尊重，相互扶助，表現の自由，差異の受容によって特徴づけられる。	教師は，くつろげる物的環境と相互交流ができるような条件を整備する。教師は，学習者の人間的価値を受容し，彼らの感情と意見を尊重する。

いう。ノールズは，これを自我関与（ego-involvement）の原理としているが，説明されている方法と内容は，日本の社会教育で積み上げられてきた学習プログラムづくりに関わる内容，方法と形態にほぼ一致する。

　この成人の「学習の条件」と「教授原理」を対象に，そこにどのような自己教育力の育成の観点が認められるのかを整理したのが前ページの表である。作表にあたり，梶田氏が提示した自己教育力を構成する「4つの側面，7つの視点」を指標とし，ノールズが示した「学習の条件」と「教授原理」を対照させている。

　こうした作業を行い，自己教育力を育成する成人学習の特徴を考察した結果を以下の6つの視点に集約した。

視点①　「目標の感覚と意識」がより具体的で明確である。

視点②　「達成・向上の意欲」を持って積極的に参加できる。

視点③　問題や課題の解決に挑み，「自己の認識と評価の力」において，現実対処的な姿勢を示すことができる。

視点④　学習者に学習の動機に基づく強い意思の力があり，「自己統制の力」のもとに，学習経験の計画と実践における責任感が他者と共有される。

視点⑤　学習者自らの経験に基づいて学習し，「学び方の知識と技能」は各人が保有し，他者との協同学習の機会を通して別の学習資源や方法論を獲得し，教師の支援によって新しい技法を採用することができる。

視点⑥　学習環境は，身体的なやすらぎ，相互信頼・尊重，相互扶助，表現の自由，差異の受容によって特徴づけられる。

4　6つの視点と社会教育活動の事例

　実際の社会教育活動において，前述した6つの視点がどのように位置づけられ，成人の自己教育力が育成されているのかを事例から考察する。

　事例としたのは，大阪市が「新・放課後子どもプラン」の一環として取り組んでいる「放課後子供教室」の指導者の活動である。この活動を実践的観察対

象として，その報告書（大阪教育文化振興財団，2018）をもとにして以下の論考を進める。

　地域指導員（以下，指導員）は，学校の放課後や休日等において，教員や保護者・地域社会との連携・協力のもとに，子どもの「安全・安心の居場所」づくりや集団活動によってその成長を図っている。指導員は，地域住民，元教員出身者や学生などであり，ボランタリーな活動としての「放課後子供教室」に従事している。

　実際の教室においては，学校教育のカリキュラムとは異なる多種多様な活動を実施している。そこで自尊感情を育み，自己教育力を育成することを目標とする活動であるが，指導員自身や事業に関係する保護者や地域住民の自己教育力の育成もまた重要な課題となっている。そうした活動の中で，自己教育力を育成する成人学習がどのように進んでいるのかを考察した。

　視点①について，指導員は子どもに対する強い愛情を持っているだけでなく，社会や郷土に対する強い責任感があり，事業目標を自己内部でも明確化しており，「自分なりのねがいとねらい」を持っている。学校の教員とは異なる立場である自分自身を活動の中でどう生かすのかを自問している指導員が多い。

　視点②については，「自分なりのやる気を持つ」ということであり，子どもに接した指導員の誰もが何とか力になってやりたいという思いを抱いており，努力を重ねている。それは明確な目的意識に根ざしたものであることが多い。また，紙細工，フォークダンス，サッカーなどの多様な活動を組織することによって教室自体を楽しい雰囲気にしている。

　視点③について，放課後の子どもたちの活動に問題状況があることを認識し，その解決のために活動することが指導員の目的となっている。指導者は，自分自身の学習経験に基づいて力量を把握しており，現場での子どもとの対応でうまくいかないケースなど，実際の活動で不足している点があれば，新たな学びを得るために，他の講師のアドバイスを求めたり，市が主催する研修会に参加することによって知識とスキルを獲得している。

　視点④について，例えば子どもの叱り方について失敗したり，自信を失った

りした場合，改善のためのマニュアルや指導員仲間との話し合いによって問題を克服しようとする自己統制力が働いている。目標設定，点検の仕方の改善，ほめる回数の増加などといった手段が採られている。

視点⑤について，指導員間でミーティングを重ね，子どもが楽しんで活動しているかなどを主たる着眼点として指導のあり方を検討する。

視点⑥について，指導員にとっては活動場所の多くは学校であり，指導員仲間，教員や保護者との相互信頼・尊重や相互扶助ができている。

各自の人生経験に基づく学習支援が基盤であり，特技や趣味等をもとにした指導を行うことができる。それは指導員によって内容が異なる。

5　自己教育力の育成がどのように進んでいるのか

大阪市「放課後子供事業」の指導者の活動は，基本的には子どもの教育・学習支援であり，指導員という成人のボランタリーな精神から発する活動であるが，指導員自身の教育・学習の場となっていることに気づく。

子どもを何とか成長させたい，楽しませてやりたい，自信をつけてやりたいという気持ちが基底にあって，そこで創意・工夫された学習が組織されている。指導員は，常に子どもの学習プログラムについて検討，改善しており，そのための構想力や想像力が必要とされ，指導員相互に知恵を絞ってアイデアを出すことがたびたびあるという。特技などを獲得するための新たな習い事を始めたという指導員もいる。

この活動のプロセスにおいて，指導員自身が自己変容しようとしている姿が散見される。実際の子どもとの対応に苦慮した結果という場合も含めて，何がしかの課題にあたり，それを乗り越えていくための学習が行われている。それは，指導員という成人自身の成人教育・学習そのものであり，子どもが成長することで，成人も成長するということになる。

総括になるが，自己教育力の育成は，社会教育活動の主体である成人を対象とした教育や学習の場において着実に行われていると考える。

　成人は，子どもとは異なった学習環境で，各自の課題を踏まえた形での学習活動によって自己実現を図ろうとしている。それは成人にとっては，各個人の生き方の問題ではあるが，社会教育活動として成人を対象に実施される教育は，社会全体の発展につながるものである。そこで，成人が必要とされることは，そうした場で自己教育力を高めることによって，社会とのつながりを深め，社会参画，社会貢献や社会奉仕していく実践力をどう発揮できるのかということである。自己教育力育成の意味も，社会的スキルとの結びつきの中で捉えなければならない点にある。

注

堀薫夫「成人の特性を活かした学習援助論」『新訂 生涯学習と自己実現』放送大学教育振興会，2006

ノールズ，堀薫夫・三輪建二監訳『成人教育の現代的実践—ペダゴジーからアンドラゴジーへ』鳳書房，2002，pp.62-63

池田秀男「アンドラゴジー」日本生涯教育学会編『生涯学習事典』東京書籍，1990

梶田叡一『自己教育への教育』明治図書出版，1985，pp.29-30

大阪教育文化振興財団『平成29年度 いきいき活動のまとめ』2018

尾崎仁美・山本惠子「自己教育性の側面についての検討——学習態度と生き方の問題との関連から」『大阪大学教育学年報』第2号，1997，173-184

「第5回国会参議院文部委員会会議録」第9号，1949年5月7日，国会会議録検索システム

ユネスコ教育開発国際委員会編，国立教育研究所内フォール報告書検討委員会訳『未来の学習』第一法規出版，1975，p.191

特集◎いまこそ自己教育力の練成を──コロナ禍に負けない学習者を育てる

●

音楽活動と自己教育力

実践授業におけるピアノ初心者の指導と学生の成果

●

山口 聖代○やまぐち まさよ

はじめに

　ピアノ演奏技能の習得には，自律的に学び，練習することが不可欠であり，ひたすら自己と向き合うことを余儀なくされる。これはピアノだけに関わらず，全ての音楽活動について言えることである。演奏技能を高めていくためには，主体的に音楽活動に取り組み，自己の課題を認識し，モチベーションや行動をコントロールしていくことが必要となり，その繰り返しによって演奏技能は上達していく。高められるのは技能だけでなく，「自信がつく」や「もっとこうなりたい」などの精神的な成長も伴う。ここに今回のテーマである「自己教育力」を見出すことができる。

　『日本国語大辞典』（日本大辞典刊行会，1972）によると，「自己教育」とは「学習者が自分で自分を教育するという自覚をもって，学問の追究，技術の獲得，人格の向上を行うこと」であると記されている。さらに梶田（1985）は「自己教育力」には，「Ⅰ.成長・発展への志向」「Ⅱ.自己の対象化と統制」「Ⅲ.学習の技能と基盤」「Ⅳ.自信・プライド・安定性」という４つの側面があるとし，「自

己教育とは，結局のところ，その人の生き方の問題にほかならない」と述べている。

筆者は教員養成課程の学生のピアノ指導を行う中で，彼らの葛藤と成長に数多く携わってきた。葛藤を乗り越えた者は，技能の習得だけでなく，喜びや自信を得た表情をしており，自ら次の目標を導き出していく姿が見られた。そこで，本稿では今年度の実践授業「ピアノⅠ」における学生の成長の記録とともに，「自己教育力」について考えていく。

1　実践授業「ピアノⅠ」

2020年度前期はコロナウイルス感染拡大の影響下，緊急事態宣言によって学生の顔や姿が見えない遠隔授業での開始となった。新1回生が履修する「ピアノⅠ」の授業は科目の特性等を鑑み，第4週目からは分散登校による対面授業が実施され，隔週で学生を直接指導することができたが，最初の第1～3週目は課題資料や教材動画を活用した遠隔授業によって行われた。このような状況下でのピアノ教育は，例年以上に学生自身の「自己教育力」が成長の鍵となった。

（1）授業の実態……………………………………………………………………
本授業は小学校コースと幼保コースで開講されるが，筆者が担当する小学校コースのクラスにおける今年度の履修学生は31名であり，そのうちピアノ学習未経験である初心者は26名であった。さらに，ピアノ初心者のうち，自宅にピアノやキーボードなどの鍵盤楽器がない学生は16名おり，当初は紙鍵盤などの活用による学習を余儀なくされる学生もいたため，自宅学習においては大いに学生の想像力を拠りどころとする面があった。

授業では，経験者と初心者によって課題を分け，初心者については導入教材を扱う。遠隔授業時は，楽譜と演奏動画を授業資料として提示し，進捗状況の報告と演奏動画や録音の提出を課題とし，指導者は各々の質問に対しての回答や，演奏に関するアドバイスをする形でフィードバックを行った。

（2）導入教材について……………………………………………………………

　導入教材は，ピアノ初心者のレベルに合わせて作成された主に楽譜であり，以下の学修内容を全15回の授業の中で達成することを目標としている。

【導入教材の学修内容】

学修内容
第1章　楽譜の基本（五線，指番号，音符の種類，拍子）
第2章　4分音符・2分音符・全音符（4拍子，ドの位置，ド～ソ）
第3章　3拍子，休符
第4章　和音・コード（C・F・G・G7）
第5章　分散和音
第6章　8分音符・休符
第7章　付点4分音符
第8章　臨時記号，いろいろな指の動き（音域の拡張）
第9章　音階（ハ長調・ト長調・ヘ長調），調号
第10章　加線
第11章　いろいろなリズム，16分音符
第12章　音楽用語・記号とその奏法

　例年，初心者のうち8割程度の学生が半期で導入教材を修了するが，取り組みによって進度の差異が見られる。特に，第4章と第5章では，左手が三和音になり，さらに左手と右手が同時に指を動かす内容になっているため，ピアノ初心者の第一関門となり，各自のひたむきな学びに向かう姿勢や練習量が直接的に上達の進度に反映される。しかし，各章に耳馴染みの良い課題曲が取り入れられているため，知っている曲を弾けるという喜びをモチベーションにして乗り越えていく学生も多いようである。自己の取り組み次第でピアノの学習が「楽しい」か「苦しい」かに二分されるところでもあり，思うように弾けないもどかしさを鍵盤にぶつけながら必死で練習する学生の姿も毎年よく見られる。その時，指導者としては各々の学生の実態や葛藤をとらえながら精神的な支えとなり，努力を認め，励まし，冷静な分析と適切な助言を行いつつ，技能面だけでなく学生自身の自己コントロールを促すような指導が求められる。

今年度に取り扱った導入教材の課題例は次の通りである。

【導入教材の譜例（抜粋）】

両手が同じ動きをし，5本の指をしっかりと動かすことを意識させながら，鍵盤に慣れることや，音符を読めるようになることを目的とする。

（ベートーヴェン作曲「喜びの歌」より）

自分の力で読譜して弾くことを目的とする。右手と左手が別々の動きをする難しさはあるが，耳馴染みのある楽曲であり，多くの学生が「両手で曲を弾いている」という喜びを感じやすい課題である。

（作詞：近藤宮子／作曲：井上武士「チューリップ」より）

左手が三和音になり，難度が上がる。同時にコードネームや主要三和音についての知識も学ぶ。

（作詞：近藤宮子／作曲：井上武士「チューリップ」より）

　左手と右手が異なる動きをしており，音符の配置を頭では理解していても，自分の思うように指が動かないという葛藤が生じやすい。「簡単には弾けない」という自己の現状と向き合うことでしか乗り越えられない課題であるため，その取り組みによる差異が見えやすく，さらに自分自身でも取り組みの成果が明確に反映されるため，授業外学習を十分に行った者は達成感を得るが，不十分だった者はそれを自覚する結果となることが多い。

【動画教材（抜粋）】

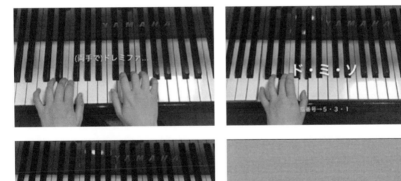

（3）授業における学生の姿………………………………………………………………

　ここで，5名の学生（A〜E）の取り組みを例に挙げ，各々の学生の中でピアノ学習においてどのような葛藤や成長があったのかを見ていく。全15回の授

業を，①第１〜３回（遠隔授業），②第４〜７回（分散登校による対面授業），
③第８〜15回（対面授業）の３段階に分けて分析する。

　分析の対象とした学生は，全員ピアノは初心者であったが，それぞれ授業開
始時点で，それまでの経験や環境に異なる背景があった。

　　・学生Ａ：ピアノ学習は未経験だが，吹奏楽部の経験があるため，読譜力が
　　　　　　　あり音楽的理解が深い。実技面でも課題解決力がある。
　　・学生Ｂ，Ｃ：ピアノ初心者。自宅に鍵盤楽器がなく，遠隔授業時は紙鍵盤
　　　　　　　もしくは鍵盤アプリで対応。読譜力はない。
　　・学生Ｄ，Ｅ：ピアノ初心者。自宅にピアノもしくはキーボードがある。読
　　　　　　　譜力はない。

①第１〜３回（遠隔授業）

　第１回の課題は，ドの位置，両手のユニゾン（同一旋律），ド〜ソを用いた
４拍子の楽曲（ベートーヴェン「喜びの歌」より）など５曲が課題であった。
授業を終えて学生からは次のような経過報告があった。

	弾けた曲・成果	練習時間	感想・次の目標
学生Ａ	「喜びの歌」	合計45分	意外と早く習得できた。音数を増やすことにチャレンジしたい。
学生Ｂ	まだ弾ける曲はない。指を動かす練習をしている。	１日45分	まだ両手が難しい。目標は毎日コツコツ積み重ねることで，両手で伴奏できるようになること。
学生Ｃ	「喜びの歌」をゆっくり。両手を同時に動かすのに少し苦戦。	合計約３時間	まとまった時間続けて練習する方が効率がいいと気づいた。本当に少しずつだが，コツコツ取り組んでいく。
学生Ｄ	「喜びの歌」など課題曲全て。	合計２〜３時間	両手の指を別々の動きをするのが難しかった。もっとスムーズに弾けるようになりたい。
学生Ｅ	完璧ではないが，「喜びの歌」が弾けた。	１日１時間	最初は大変だった。これから少しずつ慣れていきたい。

　最初から読譜力のあった学生Aはピアノ初心者ながらも習得が早かったようであるが，それ以外の学生は両手を同時に動かすということに不慣れさを覚えながら取り組んでいたことがわかる。しかし，不完全ながらも「喜びの歌」が弾けるようになったなど，取り組みの成果を感じている学生もおり，「もっとスムーズに弾けるようになりたい」など次への目標を意識することができている。さらに，学生Cのように自分に合った練習方法を獲得した姿も見受けられる。

　第2回目の課題は3曲あり，曲数は少ないが「かっこう」など3拍子の楽曲や左手が1拍遅れて入る曲などが取り入れられ，少し難度が上がる。授業を終えて学生からは次のような経過報告があった。

	弾けた曲・成果	練習時間	感想・次の目標
学生A	課題曲は全て弾けた。	合計3時間半	他にも弾けるようになりたい曲がある。
学生B	まだ弾ける曲はない。ピアノが手元にないため指を動かす練習をしている。	1日45分	小指と薬指が都合よく動かない。次の目標は「小指と薬指を都合よく動かすこと」。
学生C	両手を動かすのがまだ難しい。	合計約3時間	やりだすと楽しい。まだまだだけど頑張ります。
学生D	「かっこう」は最後の4小節以外はスムーズに弾けるようになったがそれ以外はまだまだ。	1日30分以上	まだ3拍子の感覚がつかめていない。リズムではわかっているが，指で動かすとなると不安定。今の目標は3拍子の感覚を指で完璧にすること。
学生E	「かっこう」は左手と右手がごっちゃになる。	1日30分	両手で合わせるのが難しかった。あんまり練習できなかった。

　学生Aは余力があることがわかるが，それ以外の学生は自分の思うようには弾けず葛藤している様子を受け取ることができる。しかし，「小指と薬指を動かすこと」や「3拍子の感覚がつかめない」など，各々の課題とするところは自らの意識下で明らかにできている学生がいることもわかる。

　第3回目の課題では左手に三和音が登場し，さらに難度が上がる。右手と左手と合わせて4つの音を同時に弾くことになるため，練習の積み重ねが必要となる課題である。授業を終えて学生からは次のような経過報告があった。

	弾けた曲・成果	練習時間	感想・次の目標
学生B	鍵盤ハーモニカを貸してもらえたので,「喜びの歌」が弾けるようになった。	1日30分	両手でスムーズに弾けるようになりたい。そのために必要なことは,日々の練習・今日は何ができるようになるまで頑張る,ということだと思う。
学生C	「チューリップ」が何となく弾けるようになったが和音が難しい。	合計約3時間	早く本物のピアノで練習したい。
学生D	「チューリップ」は最後以外はだいぶ弾けるようになったが,「かっこう」はまだ上手く弾けない。	1日30分以上	和音はまだまだしっかりと覚えなければならない。特に頭だけでなく指でも理解しなければならないというのが課題。
学生E	「喜びの歌」○,「かっこう」△,「チューリップ」×	1日30分	和音は苦手なので,練習をがんばる。スムーズに弾けるようにする。

　学生B，Cは鍵盤楽器がない環境の中で意欲的に学習しようとしていることがわかる。この授業までは,遠隔授業のため直接的な指導は行えていなかったが，学生自身で「弾けている」「弾けていない」という判別があることがわかる。このことは課題曲が耳馴染みのある楽曲であったことにも起因する。さらに，自分の課題を克服するためには「日々の練習」が必要であることを自覚していることも見受けられる。

②第4〜7回（分散登校による対面授業）
　第4回より隔週で直接指導ができることとなり，特に自宅に鍵盤楽器がない学生にとってはようやくピアノに触れられる機会となった。学生ごとに進度に差異が見られるため，課題は学生個別のレベルに合わせて進めていった。
　第4〜5回の課題曲は，分散和音や付点音符の登場など音数が増えて難度が上がるため，練習をせずにすぐ弾ける学生はほぼいない。個人差はあるが，学習への取り組みがそのまま成果となって表れる。授業では学生からは次のような経過報告があった。

	弾けた曲・成果	練習時間	感想・次の目標
学生A	「ちょうちょう」（テンポ遅め）	合計45分	テンポを徐々に速くしていっている。もっと速く弾けるようになりたい。
学生B	「ちょうちょう」，「ロンドン橋」など全8曲（ゆっくりなら弾ける）	1日60分	・分散和音が難しい。両手違う動作になり混乱する。努力していきたい。 ・鍵盤を入手。自宅でも頑張りたい。
学生C	課題曲をひたすら繰り返している。	合計約4時間	やっと本物に触れることができた。鍵盤も入手。もっと練習したい。
学生D	今回の範囲はどれも途中でミスしてしまう。	1日30分以上	だんだんと難しくなってきていると感じるがあきらめず頑張っていきたい。
学生E	「喜びの歌」，「かっこう」，「チューリップ」	15〜30分	和音を弾けるようにしたい。

　特筆すべきは学生B，Cが初めて実際に生のピアノに触れ，鍵盤楽器を入手するなど環境の変化により，弾けるようになった楽曲や取り組みの時間が増えたことである。特に，学生Bは意欲的に演奏動画を送ってきてアドバイスを求めるなど，自発的に次々と課題に取り組み，自己を高めようとする姿が見られた。

　さらに，第6〜7回の課題は，臨時記号や音域の拡張，運指の工夫などを取り入れた課題であり，今まで積み重ねてきた読譜力や演奏技能の応用となるが，学生A〜E全ての学生が，ゆっくりであっても自分の力で楽譜を読み，演奏する力を着実に身に付けていた。この頃には学生Aは導入教材を全て修了し，次のステップとなる教則本『バイエル』後半の学習へと進むこととなった。

③第8〜15回（対面授業）

　第8回以降は対面授業により直接指導を行った。前期の授業を修了した学生の成果や学習の様子は次の通りである。

　・学生A：読譜力を生かし，前期で『バイエル』をほぼ修了した。後期にはさらに表現力を高める次の課題へとステップを進めることとなった。

・学生Ｂ：毎授業でひたむきに練習に励み，導入教材を修了した。「いつか
　　　　ピアニストのように弾けるようになりたい」と意欲を示した。

・学生Ｃ，Ｄ：友人同士で互いに高め合いながら進めていった。技能面で不
　　　　器用さは見られ，進度はゆっくりであるが，確実に読譜力がつい
　　　　てきており，「この曲が弾けたらかっこいい」と励まし合いなが
　　　　ら学習を続けている。

・学生Ｅ：導入教材を修了。次の課題への意欲を示し，成長を続けている。

　上記に示したのはピアノ指導に携わった学生のごく一例であり，全ての学生
がこのような成果であるとは言えないが，授業外の学習を十分に取り組んだ学
生の多くが同様の成長を遂げている。どの学生も主体的・自立的に自己をコン
トロールし，ピアノ演奏という取り組みを通して，自分の中に教育される自分
と教育する自分をもち，葛藤を通してよりよい自分を形成していくことに力を
注いでいたからこその成果である。各々の努力に相当する達成感があったので
はないだろうか。

（4）他者との関わりの中で育まれる自己教育力……………………………

　ピアノ教育の際，学生の姿としてもう一つ印象的なのは，他者と自分の演奏
を比較しているときの表情である。特に(3)で示した学生Ｃ，Ｄは同様の進度で
あったため，頻繁に授業の中で演奏を聴き合うよう促しながら指導を行った。
授業は個別指導が主体であるが，学生の様子と指導のねらいに合わせて互いの
演奏を聴き合う集団授業の機会を設けている。この時，演奏する側は，人前で
演奏を披露することへのプレッシャーや緊張と戦いながら，今までの成果を発
揮しようとする。また演奏を聴く側は，友人の演奏を集中力のある眼差しで観
察し，演奏の違いや特徴を捉えるなかで，自己という対象を改めて振り返り，
より良い演奏の構築へと向かう。そこには個々の成長とプライドが存在してお
り，自身の演奏に満足した者も，思うように弾けなかった者も，いずれも次の
成長へと繋げることができる。学生たちは，このような交流を通して，他者を
認めるだけでなく，自己の現在を再認識することができるため，互いの成長に

感化されながら次の課題を自発的に見つけていく。筆者は，このような他者との関わりこそ，「自己教育力」を高める上で良い刺激になると考えている。

おわりに

　今年度は遠隔授業ならではの特性を生かし，進捗状況の報告を課題とすることで学生自身の自己評価や自己分析を把握することができた。自ら学ばなければならないという特異な状況下で，学生たちは各々の「自己教育力」を発揮してピアノ学習に取り組んでいたことがわかった。

　本授業を履修した学生の多くが後期の授業においてもピアノの学習を継続し，初心者の学生の多くがさらに難度の高い教則本に挑戦する。導入教材よりもさらに高い技能・読譜力が要求されるため，学生は「簡単にはできない」と「努力の結果できるようになった」の繰り返しによって少しずつ上達していく。決して容易な道のりではないはずであるが，一年間の指導を通して学生たちの技能や成長を顕著に見ることができる。通年で指導に携わった学生に振り返ってもらうと，決まって「最初はこんな曲を弾けるようになるなんて思わなかった」との声が返ってくる。そこには，かつての自分から成長したという確かな自信が感じられる。このように自身の成果を自身の演奏で自覚することができるのも，ピアノ学習の魅力の一つである。技能の習得だけに留まらないこの努力と達成による経験は，学生自身の生きる力となり，次のステージの「自己教育力」へと活かされていると信じている。

参考文献

梶田叡一『自己教育への教育』明治図書出版，1985

日本大辞典刊行会編『日本国語大辞典　第二版　第六巻』小学館，1972

大阪成蹊学園音楽教育センター『ピアノ実技Ⅰ　テキスト』大阪成蹊学園，2018

全音楽譜出版社出版部『標準バイエル・ピアノ教則本』全音楽譜出版社，2008

JASRAC　出2100494-101

特集◎いまこそ自己教育力の練成を——コロナ禍に負けない学習者を育てる

●

スポーツと自己教育力と

●

中村 浩也○なかむら　ひろや

はじめに

　スポーツは自己教育力を高める最高のツールである。スポーツの目的がたとえどのようなものであっても，諸活動を通じて得られた豊かな経験は，確かな実感を伴う「心身の記憶」として，個々の人間形成に深く根づくからである。ただ残念なことに，我が国においてスポーツの有効性は十分に理解されておらず，特に本稿のテーマである「自己教育力」については，一部のスポーツ経験者だけがその効力を享受しているに過ぎない。

　近代オリンピックの父といわれるフランスの教育者ピエール・ド・クーベルタン伯爵（1863-1937）は，スポーツが本質的にあわせ持つ人間理解への汎用性の高さに目をつけ，「スポーツは身体を鍛えるだけでなく，心身の調和のとれた人間を育成し，スポーツの力を取り込んだ教育改革を地球上で展開することによって世界平和に貢献する」とし，オリンピック憲章において「スポーツをすることは人権の１つ」であることを提唱した（国際オリンピック委員会，2020）。

その後,「スポーツ・フォー・オール」(Sports for All:みんなのスポーツ)の運動が1960〜70年代にヨーロッパで起こり,1978年のユネスコ総会において,「スポーツの実践は,全ての人間にとっての基本的人権である」ことが明示された。つまり,スポーツは才能ある競技者や恵まれた人々だけのものではなく,性別や人種,宗教,出自,身分等のいかなる理由によっても差別を受けることのない権利としたのである。一方,我が国においては,遅まきながら2011年にスポーツ基本法が立法され,そこではじめて「スポーツは,これを通じて幸福で豊かな生活を営むことが人々の権利」と規定されたばかりの極めて新しい概念である。

我が国のスポーツがどこか求道的かつ閉鎖的で,それが場合によっては独善的な権力者を生み出してきた背景には,ヨーロッパで端を発した「人権」や「Sports for All」の概念が十分浸透してこなかったこととも無関係ではないであろう。

コロナ禍で今年開催予定だった東京2020オリンピック・パラリンピックは延期になったが,世界規模で発生している健康問題や国民全体が関心を持ちやすいビッグイベントの招致は,我が国におけるスポーツの価値を再考する絶好の機会でもある。本論では,スポーツを通じた自己教育力の効用とその限界について検討し,新たな視座の開発を試みようと思う。

1 スポーツの価値

(1) スポーツとは………………………………………………………

スポーツは本来,日常と違うところに心と身体を運ぶという意味のラテン語「deportare」が語源であり,楽しみや気晴らし,慰みなど,人生をより豊かにすることを目的として行われていたものである。日本人成人に広く行われるようになったゴルフにおいて,ハンディキャップを設けて能力に関係なく誰もが楽しめる工夫をすることは,まさに「deportare」の理念に沿った工夫といえる。

スポーツ庁が発表した令和元年度「スポーツの実施状況等に関する世論調査」

によると，成人の週1日以上のスポーツ実施率は53.6％と年々増加傾向にあり，日常からスポーツに親しむ人は確実に増えている。しかし年代別で見ると，中高齢者の実施率が上昇傾向にあるのに対して，20代を中心とする若年層は低下している。また，「運動・スポーツを実施する頻度が減った，またはこれ以上増やせない」理由として，「運動・スポーツが嫌いだから」と回答したものが10〜20代に多く，特に女子にその傾向が高い。さらに，「この1年間に運動・スポーツはしなかった」かつ「現在運動・スポーツはしておらず，今後もするつもりがない」と答えた無関心層は15.2％と，スポーツの関心の二極化が顕在化している。

　筆者が関わっている看護専門学校の学生への調査でも，運動やスポーツに対するネガティブなイメージを持ち，看護の教育課程にスポーツ実技の授業があることに不満を持つ学生が毎年一定数存在している。その理由として最も多いのが，中学・高等学校の体育授業における「負の学び」である。具体的には，「スポーツが得意な人だけが楽しんでいる」ことや「授業に関係なく，運動部等のスポーツ経験が豊かな人の評価が高い」こと，「苦手な自分が晒され，周りに

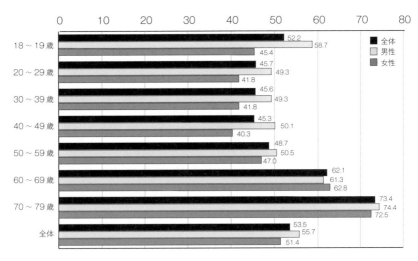

図1　世代別の週1日以上のスポーツ実施率（スポーツ庁，2020）

迷惑をかける」等をあげており，体育の授業経験自体がスポーツ参加への忌避感を増長する要因になっている可能性を浮き彫りにしている。

（2）新学習指導要領における保健体育の目標……………………………

中学校学習指導要領の保健体育科の目標をみると，以下の通り示されている（文部科学省，2018）。

体育や保健の見方・考え方を働かせ，課題を発見し，合理的な解決に向けた学習過程を通して，心と体を一体として捉え，生涯にわたって心身の健康を保持増進し豊かなスポーツライフを実現するための資質・能力を次のとおり育成することを目指す。

(1) 各種の運動の特性に応じた技能等及び個人生活における健康・安全について理解するとともに，基本的な技能を身に付けるようにする。

(2) 運動や健康についての自他の課題を発見し，合理的な解決に向けて思考し判断するとともに，他者に伝える力を養う。

(3) 生涯にわたって運動に親しむとともに健康の保持増進と体力の向上を目指し，明るく豊かな生活を営む態度を養う。

ここで最も重要なことは，義務教育段階で育成を目指す資質・能力を踏まえ，「知識及び技能」「思考力，判断力，表現力等」「学びに向かう力，人間性等」の学力の3要素を念頭に，生涯にわたって心身の健康を保持増進し豊かなスポーツライフを実現するとしていることである。これは，学校における保健体育の授業を，一生涯を見通した健康づくりの基盤として位置付けることを意味している。「Sports for All」の理念を踏襲した現代の体育授業においては，この教科目標を念頭に，保健体育の授業が先に示した「負の学び」に陥らないように授業計画と運営を心掛けることが望まれる。

具体的には，学習指導要領で示された各領域について，単に技が「できる」「できない」といった指標で評価するのではなく，学力の3要素をバランスよく含

んだルーブリック（評価基準表）を作成し，その内容を生徒に周知するとともに，各単元で扱う内容が過去のスポーツ経験のみに左右されないことを明確にしておくことなどがあげられる。またポートフォリオを有効に活用して，新たなタスクの克服が主体的な学びと如実に繋がっていることを理解させていくことも有効である。詳しくは後述するが，日常の運動実践ほど自分自身の心身の変化を実感できる活動はない。コロナ禍でリモート学習が日常化し，「GIGAスクール構想」が本格化する我が国において，日々の努力が確実に享受できる運動は，その有効性が広く理解されることによって，生きる力の涵養へと繋がるだろう。

（3）スポーツの価値……………………………………………………………

　スポーツは，目的や種目，競技レベルにかかわらず，一定のルールの下で技術を磨き，心身の状態と向き合いながら，より高みを目指すものである。人間離れしたパフォーマンスを発揮するトップアスリートも，はじめは何もできない素人にはじまり，その成長過程で多大な努力と犠牲を重ねる中で，様々な葛藤と向き合い，何度も壁を乗り越えている。この実感を伴う豊かな経験は，人間の成長過程と極めて親和性が高く，たとえトップアスリートでなくてもこの本質に気づいた人は自身の人間形成に大いに活用している。例えば，ジョギングや筋トレのように自己完結できるスポーツであれば，自身の努力がタイムや体脂肪率の変動を通じて成果の検証ができるし，運動後には軽い疲労とともに充実感も得られる。また未経験のスポーツへの挑戦は，自分の身体がいかに不自由であるかを認識できる上，新たなスキルの獲得が自身の有能感や幸福感を高め，実生活への鋭気を養う。これらの運動経験は，端的にいえば「自分を知る」ための手段である。なぜなら，スポーツを通じて日常では気づくことのできない自分を発見できる上，「自分は変わることができる」という希望へと繋がるからである。

　スポーツの価値は，日常的に運動をしているものほど強く感じていることが前述のスポーツ庁の調査でも明らかとなっているが，心身の実感を伴う活動だけに，運動やスポーツに懐疑的な印象を持ち続け，その価値を共有することが

できない人も一定数存在している。一方，運動実践の効果として「健康や体力の保持増進」を挙げている人は8割近くおり，「運動は健康の手段として有効」というリテラシーは国民の多くに共有されている。

2 スポーツを通じた開発

（1）社会での諸活動とスポーツ経験の親和性……………………………

「運動部出身の学生は，就職に有利」という通説がある。これは，運動部活動を通じて，忍耐力や人間力，リーダーシップ，コミュニケーション能力，健康な身体，向上心，組織運営能力などが培われていることが期待されているからである。実際，会社経営者の手記等でしばしば指摘されているように，有名企業では旧帝大や有名私大から頭脳明晰で優秀な人材が集まってくるものの，必ずしも入職後に活躍しているとは限らず，むしろ社会に出てからも課題意識と向上心を持ち続け，自己を奮い立たせて努力しているかが明暗を分けているという。一方，ストレス耐性が弱く，対人折衝能力に課題がある若手社員が増え，精神疾患を患うケースが後を絶たない。厚生労働省（2019）が公表している「新規学卒就職者の離職状況（平成28年3月卒業者の状況）」をみると，就職後3年以内の離職率は高卒就職者で39.2％，大卒就職者で32.0％であり，過去20年以上にわたり高止まりしている。なお離職の理由は，「仕事が自分に合わなかった」「人間関係がよくなかった」「条件がよくなかった」をあげている。

　このような現状の中で，企業が求める人物像が，「失敗した時やつらい時に，逃げずに乗り越えられるかどうか」を採用基準としていることは，その後の人事評価にも共通する人間観の現れであり，そこに体育会を中心としたスポーツ活動に伴う様々な経験，具体的には厳しい練習に耐えてきたことや先輩・同僚・後輩・OBとの人間関係の構築，競技大会の運営にかかる事務調整などのエピソードとの親和性を見出しているのである。ただ同じスポーツ経験であっても，同好会やサークルなどの気の合う仲間が集まり，楽しく身体を動かして親睦を深めるといった，スポーツの語源に辿る諸活動は，体育会ほどには評価されて

おらず，そこに企業側が求める人物像とのギャップが看取できる。スポーツはその行為自体に意味を持つものであるが，社会は「体育会的」な運動部活動に伴う副産物的な経験により大きな価値を見出しているのである。

（2）スポーツを「活かす」…………………………………………………

　現在のスポーツは，これまで述べてきたように，スポーツの語源に由来する「deportare」としての役割だけではなく，社会への汎用性のある経験が期待されている。近年は，それらを「Sports Plus」（＝スポーツへの参加やパフォーマンスの向上を目的として，スポーツの発展に取り組むこと）と「Plus Sports」（＝社会変革のためにスポーツを活用すること）に整理し，それぞれにスポーツの価値を見出している。特に後者の考え方は急速に浸透してきており，スポーツの可能性は一層拡大している。

　ここ数年でよく見聞きするようになっている「SDGs」（＝Sustainable Development Goals；持続可能な開発目標）においても，目標達成にはスポーツが重要な役割を担っているとし，2015年に国連総会で採択された「持続可能な開発のための2030アジェンダ」の37（スポーツ）では，「スポーツもまた，持続可能な開発における重要な鍵となるものである。我々は，スポーツが寛容性と尊厳を促進することによる，開発および平和への寄与，また，健康，教育，社会包摂的目標への貢献と同様，女性や若者，個人やコミュニティの能力強化に寄与することを認識する」と明記されている。

　スポーツは「する」「みる」「支える」の３つの領域で整理されてきたが，今後は「活かす」という４つ目の領域の一層の開発と検証が求められるだろう。これは必ずしも社会貢献のような活動を指すものではなく，21世紀を生き抜く人々が，「スポーツを手段として活用する」ということをスポーツ関係者や運動実践者が明確に意識することを意味している。私たちは豊かなスポーツ経験を通じて，「我を知る」とともに「我々を知り」，自己教育力の強化へと収斂するスキームを構築していくからである。

　筆者はこれまで，国内外を問わず数多くのスポーツを通じた社会貢献活動に

関わってきたが，スポーツが人々に勇気を与え，学習意欲を高めるとともに行動変容を促し，地域や社会が動いていく瞬間を幾度も目の当たりにしてきた。この時ほど，スポーツのダイナミズムを感じることはないし，これこそが「スポーツの持つチカラ」であることを実感する。一方，スポーツは決して万能薬にはなり得ず，様々なレベルでスキャンダルを引き起こしていることも事実である。部活動を含む多くの競技団体が，その世界特有の価値観でがんじがらめにされ，自己改善できなくなった事例が後を絶たないのはその証左である。

写真1　スポーツを通じた開発（カンボジアにおける「Plus Sports」の実践）　写真2　スポーツを通じた医科学支援（途上国での医科学支援活動）

（2）スポーツによる「負の学び」……………………………………………

　スポーツはその活動を通じて多くの学びを促進するが，それは必ずしも良い学びばかりではない。旧来の体育会等にみられる独特のヒエラルキーの中で，言いたいことも言えず，結果として長いものに巻かれる体質と見て見ぬふりをする態度が身についてしまう場合もある。また，絶対的指導者による帝国化や隠ぺい体質，放漫な経営，暴言や暴力の許容，上下関係を基盤とした歪んだルールの強制，ドーピングをはじめとする薬物の乱用など，ガバナンスやコンプライアンスに抵触する事案を挙げるときりがない。

　さらにアスリートの深刻な障害として，オーバートレーニングの問題がある。これは，競技成績を追い求めるあまり，睡眠時間を除くほとんどの時間を練習や試合に捧げることを通じて，「このぐらいの痛みならやれる」「しんどいけど，

負けられない」「まだまだ大丈夫」「今，弱音を吐いたら迷惑がかかる」といった強迫観念にかられ，心身の限界を超えるまで追い込んでしまう病態である。これらの「負の学び」は，どのような年代や競技レベルでも発生しうるし，自分が置かれた環境をメタ認知する力が養われていなければ，問題が表面化するか，当該集団から一定の距離が置かれるまで気づくことすらままならない。

3　スポーツの持つチカラとその限界

　国連は，「開発と平和のためのスポーツ（Sports for Development and Peace; SDP）」の促進に向けて，次のような5つのメッセージを発信し，「スポーツの持つチカラ」を広めている。

(1)　他人に対する尊敬の意と，人々の間の対話を促進します。
(2)　子どもと若者が生きるために必要な，術や能力をもたらします。
(3)　障害の有無に関わらず，全ての人々の社会への参画を促します。
(4)　男女の平等を促進し，女性のエンパワーメントに貢献します。
(5)　身体の健康のみならず，心の健康を向上させます。

　また，これらを促進する活動として，近代オリンピックが1896年に初めて開催された4月6日を「開発と平和のためのスポーツ国際デー」とし，毎年掲げるテーマを基にスポーツの在り方について議論を深めている。スポーツは誰しもが親しみやすい話題であるし，老若男女問わず参加コストが極めて低い。さらに，接点のない者同士が過度に刺激することなく，スポーツを通じて人間理解を深めることも可能である。
　一方，スポーツがこれまで政治的問題を解決したことは一度もなく，スポーツと外交の関連性は不透明であることが指摘されている。東西冷戦以降，オリンピックの舞台が参加ボイコットをはじめとする政治的主張やメダル獲得を通じた国威発揚の場になっているし，かつては「ピンポン外交」といわれ

る政治手法も注目された。また，最近では米国を発信源とした「Black Lives Matter」の運動において，テニスの大坂なおみ選手が全米オープンでマスクを通じて人種差別に抗議する活動を行うことで，多くの人々の関心を集めることに一定の成果を挙げている。しかし，どの事例も大局に影響を及ぼしたものはなく，それがスポーツの限界であるともいえる。もちろん，スポーツは原則として政治的に中立を保つことが望ましいし，国際オリンピック委員会（IOC）をはじめ各競技団体も政治的中立を掲げている。混迷する世界の中で，アスリートがパフォーマンスの発揮に全力を傾け，相互の努力を称えあうことに人間の価値を見出していることも多く，政治的ないかなる思惑があろうとも彼らのインテグリティ（誠実性・健全性・高潔性）が蹂躙されることはあってはならない。

最後に

　新型コロナを境に私たちの生活様式は一変し，そこに情報技術があいまって，私たちはまさに新しい日常と相対している。ただ，激変する社会の中でも決して忘れてはならない重要な事実は，私たちの身体構造はこの間何一つ変化していないということである。スポーツをすれば心拍数は上昇し，筋肉に刺激が加われば，肉体的変化を引き起こす。情報化が進む時代だからこそ，スポーツ活動を通じた実感世界は今後ますます人間にとって重要な意味を与えるだろうが，スポーツの限界を正しく知ると同時に，スポーツを通じて自己教育力を培い，より良い人生に「活かす」という思考が今後一層求められよう。

参考文献

国際オリンピック委員会『オリンピック憲章』2020

国際連合『我々の世界を変革する：持続可能な開発のための2030アジェンダ』2015

厚生労働省『新規学卒就職者の離職状況（平成28年3月卒業者の状況）』2019

文部科学省『中学校学習指導要領（平成29年告知）解説　保健体育編』2017

スポーツ庁『令和元年度「スポーツの実施状況等に関する世論調査」』2020

特集◎いまこそ自己教育力の練成を──コロナ禍に負けない学習者を育てる

●

体育科で「学びに向かう力＝自己教育力」をどう評価するか

●

野田　健司○のだ　けんじ

はじめに

　新型コロナウイルスは，児童たちに多大なる影響を与えた。

　コロナ対策として，小学校は令和２年３月から３か月間，市教育委員会の決定により臨時休業を実施した。休業中には，公園で児童たちが遊んでいると学校に「遊ばせるな」と電話がかかってきたり，公園で話しているだけでも「声がうるさい」と怒鳴られたりした児童が何人もいた。児童たちだけでは外に出て遊ぶこともままならない状態だった。保護者がそばに居ても近隣住民と同様のトラブルが発生することもあった。児童が公園などで遊ぶことや，スポーツをすること，話をすることさえ許さない，不寛容の状態の社会となっていた。

　児童たちは，必然的に自宅で過ごす時間が長く，運動不足になった児童が多くいる。大人にとってもそうであるが，児童にとっては特に，体を動かすことや，遊びや運動・スポーツをすることは大切であり，他の教科の学習をすることと同様に必要不可欠なことである。コロナ対策中でも「自らの体を動かそうとする児童」を育てること，また「自らの体を動かそうとする児童」が育つ環境をつくることこそ，社会にとって大切なことである。

ウイルスに対抗できるワクチンの開発が何年先になるのかわからない中で，これからは，「新しい生活様式」に合わせ，学校も「コロナ後（ＡＣ＝アフター・コロナ）」または「コロナとの共存・共生（ウィズ・コロナ）」の「新しい学校様式」に変えていかないといけないと言われている。

休業から再開した学校では，感染防止対策に最大限の努力をしている。多くの行事の予定を延期，または中止した。3つの密（密閉，密集，密接）を避け，熱中症の対策を取りながら，「新しい学校様式」である安全・安心な学校づくりを最優先にしている。

令和2年度は，小学校において新学習指導要領の全面実施の1年目にあたり，新学習指導要領への対応を中心とした教育に取り組んでいく年度なのだが，コロナへの対応に集中して「新しい学校様式」の試行錯誤の実践を積み重ねているのが現状である。新型コロナウイルスが，速やかに終息していくことを願っている。今後，新学習指導要領の実施とともに，「自らの体を動かそうとする児童」「自ら運動・スポーツに向かう児童」を育てる上で，体育科で「学びに向かう力＝自己教育力」をどう評価するかを考察したい。

1　新学習指導要領での体育

（1）スポーツライフの実現…………………………………………………

平成29年に告示され，令和2年度から全面実施になった『小学校学習指導要領体育科』（文部科学省，2017）で，体育の目標は「体育や保健の見方・考え方を働かせ，課題を見付け，その解決に向けた学習過程を通して，心と体を一体として捉え，生涯にわたって心身の健康を保持増進し豊かなスポーツライフを実現するための資質・能力を次のとおり育成することを目指す。」（下線は筆者が加筆）である。「次のとおり」には，(1)「知識及び技能」に関すること，(2)「思考力，判断力，表現力等」に関すること，(3)「学びに向かう力，人間性等」に関することの目標が書かれている。体育科でどのような資質・能力の育成を目指すのか(1)〜(3)の三つの柱に沿って整理され，明確にされている。

　前回の平成20年に告示された学習指導要領と比較して、「豊かなスポーツライフを実現」という表記が目新しい。これは、平成21年に告示された『高等学校学習指導要領保健体育』（文部科学省, 2009）で「生涯にわたって豊かなスポーツライフを継続する資質や能力を育てる」と目標に明記され始めたものが、今回の改訂で小学校の体育科や中学校の保健体育科の教科の目標にも校種の発達段階を越えて登場してきたものである。これは、「豊かなスポーツライフを実現（継続）する力」の育成を小・中・高等学校12年間を通して目指すことである。

　このことは、かつて島崎（1996）が「体育と生涯スポーツの関り・〈つなぐ〉から〈一環〉へ」と述べ、学校期の体育を「主として準備の考え方であり、生涯スポーツに〈つなぐ〉もの」という捉え方ではなく、学校期の体育は「スポーツ学習であり、かつ生涯スポーツの〈一環〉のものであり、準備と生涯スポーツ即実践の二重機能」だと捉えた考え方が顕在化したものである。スポーツライフは、「自発的主体的なスポーツの意味・価値実現経験の生涯的つらなり」（図1参照）であり、学校期の体育もスポーツライフ（生涯スポーツ）そのものなのである。

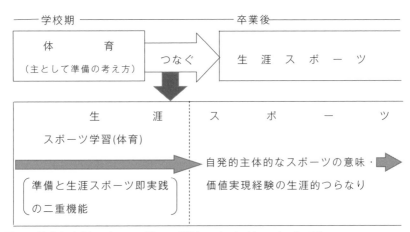

図1　体育と生涯スポーツの関りの構図──〈つなぐ〉から〈一環〉へ
　　（島崎, 1996）

（2）「学びに向かう力，人間性等」の育成 ……………………………………

　令和2年に国立教育政策研究所教育課程研究センターから出された『「指導と評価の一体化」のための学習評価に関する参考資料【小学校体育】』（国立教育政策研究所教育課程研究センター，2020）（以下『小学校体育参考資料』と称す）では，「平成29年の改訂を受けた評価の観点整理」で，「知・徳・体にわたる『生きる力』を児童生徒に育むために『何のために学ぶのか』という各教科等を学ぶ意義を共有しながら，授業の創意工夫や教科書等の教材の改善を引き出していくことができるようにするため，全ての教科等の目標及び内容を『知識及び技能』，『思考力，判断力，表現力等』，『学びに向かう力，人間性等』の育成を目指す資質・能力の三つの柱で再整理した」（図2参照）とある。

　「豊かなスポーツライフの実現を重視する」体育にとって，図2にある「どのように社会・世界と関わり，よりよい人生を送るか」は密接した「目標及び内容」であり，児童の発達の段階や特性を踏まえ，体育の指導を通して「学びに向かう力，人間性等」の資質・能力を育成することが必要になる。また，学校期の体育もスポーツライフ（生涯スポーツ）なのであるから，児童においては，体育学習で自らのスポーツライフ（生涯スポーツ）の「学びに向かう力，人間性等」を主体的に獲得していくことや，主体的に発揮することが重要になる。

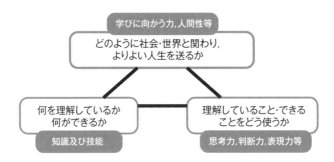

図2　資質・能力の三つの柱
（国立教育政策研究所教育課程研究センター，2020）

（3）学びに向かう力とメタ認知………………………………………………

　ここで「学びに向かう力」について，考えておきたい。

　梶田（2019）は「『学びに向かう力』は，結局のところは自己教育の力である。」と述べている。また「簡単に言えば，どんな状況であっても常に伸ばしていこう，自分の中身を豊かにしていこう，と積極的な態度を持ち続けて頑張っていくようになること」「自己学習の力がつく，自己教育の力がつく，それを土台にして，自分なりに納得のできる人生を生涯にわたって自分の力で創り出していく」とも述べている。

　「心と体を一体として捉え，生涯にわたって心身の健康を保持増進し豊かなスポーツライフを実現するための資質・能力を次のとおり育成することを目指す」体育科でも「学びに向かう力＝自己教育力」であり，児童が自らの体を動かそうとし，自ら運動・スポーツに向かおうとする力である。

　平成29年に告示された『小学校学習指導要領解説総則編』（文部科学省，2017）（以下『小学校総則編』と称す）では，「『学びに向かう力，人間性等』は，他の二つ（『知識及び技能』『思考力，判断力，表現力等』）の柱をどのような方向性で働かせていくかを決定付ける重要な要素である」と述べられている。また「児童一人一人がよりよい社会や幸福な人生を切り拓いていくためには，主体的に学習に取り組む態度も含めた学びに向かう力や，自己の感情や行動を統制する力，よりよい生活や人間関係を自主的に形成する態度等が必要となる。これらは，自分の思考や行動を客観的に把握し認識する，いわゆる『メタ認知』に関わる力を含むものである。」とも『小学校総則編』（文部科学省，2017）で述べられている。

　メタ認知とは，木下（2010）によると「『認知についての認知』であり，自分の思考や活動を客観的に見つめて，それを調整する力のこと」である。前述の『小学校総則編』（文部科学省，2017）では「こうした力は，社会や生活の中で児童が様々な困難に直面する可能性を低くしたり，直面した困難への対処方法を見いだしたりできるようにすることにつながる重要な力である。」とあり，「多様性を尊重する態度や互いのよさを生かして協働する力，持続可能な社会

づくりに向けた態度，リーダーシップやチームワーク，感性，優しさや思いやりなどの人間性等に関するものも幅広く含まれる」と述べられている。この『小学校総則編』の内容から見ても，体育科の「学びに向かう力＝自己教育力」には，「メタ認知」が大いに関係し，「メタ認知」の育成が重要であると考えられる。

2　体育科の評価

（1）学習評価と今回の改訂の特徴……………………………………………

　学校の教育活動において，児童生徒の学習状況を評価するのが学習評価である。体育科の学習評価については，『小学校体育参考資料』（国立教育政策研究所教育課程研究センター，2020）で「学習状況を分析的に捉える『観点別評価』と『評定』が学習指導要領に定める目標に準拠して実施するもの」とされている。

　今回の学習指導要領の改訂を踏まえた特徴をまとめると，次の4点が挙げられる。

① 　学習評価の充実
　……授業改善と評価の改善を両輪として行う。
② 　カリキュラム・マネジメントの一環としての指導と評価
　……「学習指導」と「学習評価」は学校の教育活動の根幹で，「カリキュラム・マネジメント」の中核的な役割である。
③ 　主体的・対話的で深い学びの視点からの授業改善と評価
　……授業改善を通して各教科における資質・能力を確実に育成するうえで，学習評価は重要な役割がある。
④ 　学習評価の改善の基本的な方向性
　……学習評価のあり方が極めて重要である。指導と評価の一体化を実現すること。そのための基本的な方向性が3点ある。
　　　1，児童生徒の学習改善につながるものにしていくこと
　　　2，教師の指導改善につながるものにしていくこと
　　　3，これまで慣行として行われてきたことでも，必然性・妥当性が認

　　　　められないものは見直していくこと

（2）体育科の評価の基本構造……………………………………………

　体育科の評価も，学習状況を分析的に捉える「観点別評価」と「評定」が学習指導要領に定める目標に準拠して実施するものとされている（図3参照）。

　「運動に親しむとともに健康の保持増進と体力の向上を目指し，楽しく明るい生活を営む態度を養う」という体育の学習指導要領の「学びに向かう力，人間性等」の目標や内容でも，ア「主体的に学習に取り組む態度」として観点別学習状況の評価を通じて見取ることができる部分と，イ観点別学習状況の評価や評定にはなじまず，こうした評価では示しきれないことから個人内評価を通じて見取る部分があることに留意する必要がある。イについては観点別学習状況の評価の対象外とする必要がある（図4参照）。観点別学習状況の評価の対

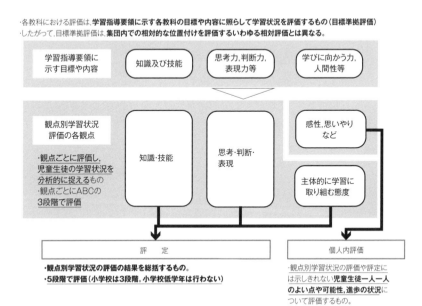

図3　各教科における評価の基本構造
（国立教育政策研究所教育課程研究センター，2020）

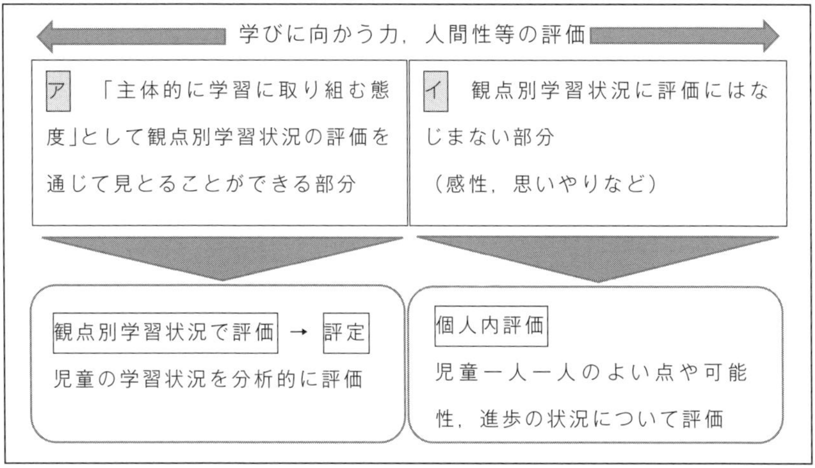

図4　学びに向かう力，人間性等の評価の分類（図3「各教科における評価の基本構造」（国立教育政策研究所教育課程研究センター，2020）をもとに，筆者が作成）

象外といえども，イの個人内評価も大切な評価であり，授業での教師からの言葉かけや，通知表での記述等で積極的に児童を評価していくべきものである。

（3）体育科での「主体的に学習に取り組む態度」の評価……………

　体育科の「主体的に学習に取り組む態度」の評価に際しては，例えば体育の授業での発言回数の多い少ないなどの形式的態度のみを評価したり，単純に性格や行動面の傾向のみを評価したりすることは適当ではない。

　「特性に応じた各種の運動の行い方及び身近な生活における健康・安全について理解するとともに，基本的な動きや技能を身に付けるようにする」という知識及び技能を習得したり，「運動や健康についての自己の課題を見付け，その解決に向けて思考し判断するとともに，他者に伝える力を養う」という思考力，判断力，表現力等を身に付けたりするために，『児童生徒の学習評価の在り方について（報告）』（中央教育審議会初等中等教育分科会教育課程部会，2019）にあるように「『主体的に学習に取り組む態度』に係る観点の趣旨に照らして，自らの学習状況を把握し，学習の進め方について試行錯誤するなど自らの学習

を調整しながら，学ぼうとしているかどうかという意思的な側面を評価することが重要」なのである。

　また，体育科の評価の対象には，それぞれの特性があることに留意する必要がある。『小学校体育参考資料』（国立教育政策研究所教育課程研究センター，2020）によれば，「例えば，体育・保健体育科の運動に関する領域においては，公正や協力などを，育成する『態度』として学習指導要領に位置付け」ており，「目標や内容に対応した学習評価が行われること」とされている。この学習指導要領に「育成する『態度』」として明記されている点が体育科固有で，他教科と違いのあるところである。体育の授業では仲間と関わり合う場面が多くある。互いに認め合ったり，相手の気持ちと通じ合ったりして，豊かに関わり合う力を身につける態度を「主体的に学習に取り組む態度」として評価していくのである。

おわりに

　体育科の「学びに向かう力＝自己教育力」を誰が評価するのかによって分類すると，次の3つの評価になる。自己評価（児童自らによって行う評価），相互評価（児童同士で行う評価），教師の評価（教師が行う評価）である。

　特に自己評価について，先述の木下（2010）は「子どもがそれまでの自分の活動を振り返ることにより，その後の活動の改善に結び付くため，重要な評価」であり，「子どもが学習の過程で的確に自己評価できることは，メタ認知を機能的に働かせることにもつながる」という。さらに，梶田（1983）が「自己評価が外的な評価の確認を伴った形で成されるならば，独りよがりでない客観的な妥当性を持つ自己認識を成立させていく上で貴重なきっかけを与えてくれるものになるであろう。」と述べているように，「外的な評価の確認を伴った」自己評価が大切になる。

　筆者自身が，メタ認知を育てる自己評価として，また「外的な評価の確認を伴った」自己評価を体育の授業の中で実施した方法では次の2つの事例がある。1つ目は，器械運動の授業において，ICT機器の動画遅延再生ソフト（デジタ

ルビデオカメラと DVD などの遅れ再生機能を組み合わせても可能）を使った方法である。児童が技に挑戦した後，数秒後に自分の動きを見ることができる。自分の動きをすぐにその場で見ることで，客観的に観察することができた。

　2つ目は，表現運動の授業において，学習カードとメモ（付せん）とクリアファイルを使った方法である。仲間が演技を見て書いてくれたメモを学習カードに貼り，自己評価を書き加える。自己評価の客観性を強化した学習カードをポートフォリオの形でファイルし，振り返って学習の改善につなげていった。このようにして，ICT機器や映像，副読本，運動や態度の教師の観察による評価，仲間の相互評価，学習カードによる振り返りの方法等を「外的な評価の確認」として取り入れ「自己評価」を向上させることができる。

　ここまで「スポーツライフの実現」から「学習指導要領の改訂の特徴」や「体育科の評価の基本構造」等を述べてきた。その上で，これからの体育科で「学びに向かう力＝自己教育力」を評価するには，メタ認知を育成する「外的な評価の確認を伴った」自己評価で評価することが重要なポイントとなる。

引用文献および参考文献

中央教育審議会初等中等教育分科会教育課程部会「児童生徒の学習評価の在り方について（報告）」
　2019

梶田叡一「自己評価のあり方について」『教育評価』有斐閣，1983

梶田叡一「『学びに向かう力』とは何か」梶田叡一責任編集・日本人間教育学会編『教育フォーラム64
　学びに向かう力』金子書房，2019

木下博義「メタ認知，自己評価，相互評価」梶田叡一・加藤明監修・著『改訂実践教育評価事典』文溪堂，
　2010

国立教育政策研究所教育課程研究センター『「指導と評価の一体化」のための学習評価に関する参考資
　料小学校体育』東洋館出版社，2020

文部科学省『高等学校学習指導要領（平成21年告示）解説保健体育編　体育編』2009

文部科学省『小学校学習指導要領（平成29年告示）解説総則編』2017

文部科学省『小学校学習指導要領（平成29年告示）解説体育編』2017

野田健司，大森政彦「教科・領域における自己評価活動の現状　体育科」教育評価実態調査委員会『生きる力を育てる自己評価活動　自己評価全国調査研究報告書』箕面市教育センター，1998

島崎仁「小学校の体育のねらい・内容をどう考えるか」『スポーツに遊ぶ社会にむけて──生涯スポーツと遊びの人間学』不昧堂出版，1998　（『学校体育』日本体育社，1987，p.50-55 の再掲）

特集◎いまこそ自己教育力の練成を──コロナ禍に負けない学習者を育てる

●

評価の視点から見た自己教育力
自己教育力を支えるため自己評価能力の育成を

●

古川　治○ふるかわ　おさむ

1　「主体的な学び」と「自己教育力」

　コロナ禍の中でいまさらながら，子どもたちにとって学校が大切な居場所であることを自覚させてくれた。子どもたちは思うように登校できず，顔を合わせた学びがなくなり，友だち同士のネットワークも途切れ，不安と孤独に追いやられ，孤立や不登校になり，自己肯定感を低下させ学びへの意欲を低下させる危機的な状況も出てきた。今こそ，教師は子どもたちに学校への愛着と仲間同士の絆を回復し，学びの場所としての期待感を高め，子どもたちそれぞれが自ら進んで意欲的に学びに向かうようにしていかなければならない時ではないか。
　本テーマは「評価の視点から見た自己教育力」である。2016年12月の中央教育審議会は「幼稚園，小学校，中学校，高等学校及び特別支援学校の学習指導要領等の改善及び必要な方策について」という答申を出した。ここでは，学習評価の重要性が述べられ，観点別評価では，これまでの四観点から三観点に整理することが提案された。答申の「主体的に学習に取り組む態度」であり，読

み替えると「主体的な学び」ということになる。さらに「主体的な学び」を遡ると，1980年代に文部省が提案した「自己教育力」，「自己学習能力」の育成ということになる。

　そこでまず，2016年に「主体的な学び」等3観点に整理された中央教育審議会答申の評価観点を整理しておく。評価観点はこれまでの4観点から，「知識・技能」，「思考・判断・表現」，「主体的に学習に取り組む態度」の3観点に整理された。学校教育法第30条第2項では，「生涯にわたり学習する基盤が培われるよう，基礎的な知識及び技能を習得させるとともに，これらを活用して課題を解決するために必要な思考力，判断力，表現力その他の能力をはぐくみ，主体的に学習に取り組む態度を養うことに，特に意を用いなければならない」と規定され，「生涯にわたって主体的に学ぶ」ことの必要性を論じている。2017年改訂の学習指導要領の目標に掲げられた「主体的・対話的で深い学び」（アクティブ・ラーニング）においても，主体的な学びについては，「学ぶことに興味や関心を持ち，自己のキャリア形成の方向性と関連付けながら，見通しを持って粘り強く取り組み，自己の学習活動を振り返って次につなげる『主体的な学び』が実現できているか」という視点から能動的に学ぶ必要性を提示している。（中央教育審議会答申，2018，pp.49-50）

　以上のような経過を遡ると「主体的な学び」は，そもそも「自己教育力」を育成する「自己学習能力」を高める工夫ということになる。そこで，本論では「自己教育力」，「自己学習能力の育成とその評価方法」について論じたい。

　「自己教育力」が学校教育の世界で論じられるようになったのは，ユネスコの生涯学習の盛り上がりを受けて，1983年の第13期中央教育審議会の「教育内容等」小委員会がまとめた『審議経過報告』において「自己教育力」の育成が必要であると論じられるようになってからである。その源流となった，我が国の生涯学習のスタートは1971年の「急激な社会構造の変化に対処する社会教育のあり方について」（社会教育審議会答申）で「今日の激しい変化に対処するためにも，また，各人の個性や能力を最大限に啓発するためにも，ひとびとはあらゆる機会を利用してたえず学習する必要がある」と提言されてからである。

ユネスコも 1985 年に，第 4 回国際成人教育会議を開催し，学習する権利である学習権宣言を採択し，世界に影響を与えた。その後，中曽根内閣が設置した臨時教育審議会は「臨時教育審議会答申」に生涯学習の観点を取り入れ，1989 年改訂の学習指導要領も自己教育力の育成を提言した。

　したがって，1989 年版学習指導要領の目標も「自ら学ぶ意欲と社会の変化に主体的に対応できる能力の育成を図り，個性を生かす教育」となった。1989 年，文部省はめざす自己学習能力の学力像を，「変化の激しい社会において生涯を通して学習していく子どもたちが自分の課題を見付け，自ら考え，主体的に判断し，表現して，よりよく解決することができる資質や能力の育成を重視することが不可決であり，自ら学ぶ意欲や思考力，判断力，表現力などを学力の基本とする」（1989, p.281）ことと規定した。文部省は学力とは，「自ら学ぶ意欲や思考力，判断力，表現力」も学力であると転換したのである。

　それに先立って，1980 年代になると，愛知県緒川小学校や静岡大学教育学部附属浜松中学校などでは，自己学習能力の育成をめざした先駆的な研究が行われた。自己学習能力とはどんな能力であるのか。自ら学ぼうとする学習意欲である。櫻井（2017, p.45）によると，学習意欲について次のように述べている。「学習意欲には自律的に学ぼうとする学習意欲と他律的に学ぶ学習意欲がある。自律的に学ぼうとする学習意欲は知的好奇心に基づいて『面白いから学ぼう』とする意欲の『内発的な学習意欲』である。他方は『将来の自己実現のために』意識的に学ぼうとする意欲であり，『自己実現のための学習意欲』と呼ぶものである。宿題だからするというのは，他律的に学ぶ『統制的な学習意欲』」である。

　「内発的な学習意欲」を育てるには，一人ひとりの子どもたちが，個性的な体験をし，それを土台に自分の周囲の様々な事象に関心を持ち，学校教育活動の中で，自分なりのこだわりや問題意識をもって追求・探求していく知的好奇心を育てなければならない。「わかる・覚える・できる」といった認知的学力だけでなく，興味・関心や体験や問題意識をもって主体的に学ぶ情意的学力を育成していかなければならない。

2　自己学習能力を育てる梶田の「自己教育の構えと力」

　1980年代初頭に梶田叡一の指導を受けて，自己学習能力の育成に取り組んだ静岡大学教育学部附属浜松中学校は，自己学習能力とは何か，どうすれば育成されるかについて，次のように二つの側面があるとして，自己学習能力の概念規定をした。一つは，「教科の学習の意義（何故，自分はこの教科を学習しなければならないのか──学年初めのライフセミナーで認識する）を知り，自ら積極的に学んでいこうとする一般的な意欲や構えや日常の生活習慣化といった情意的な能力である」。二つは，「その意欲や習慣などの情意面を支える教科としての基礎的知識・技能や教科としての自己評価の力といった認知的・技能的な能力である」（梶田，1983，p.15）。その上で，自己学習能力を，「学習の意義や価値を理解して，自ら目標や課題を設定し，その目標や課題を自らの方法によって追及したり，解決することができる力であり，それらに向けて，自ら進んで取り組む意欲や意思，さらに客観的に自己を認識し，自らを改善していこうとする態度・習慣の総体である」と規定した。

　つまり，自己学習能力を育てるには，それを支える自己評価能力を高めなければならないということである。自己評価活動は，あくまでも自らの自己学習能力を高めていく学習途上のスプリングボードなのである。

　教師から学習目標や学習課題が与えられる今の学校教育を改め，認知面・情意・技能面を含んだ自己学習能力は，内発的に動機づけられた学習エネルギーをもとに学習することによって育成されるものであると考え，実践している。

　梶田は総合的な力として形成される自己教育力について，教育心理学からのアプローチを生かし，その構造と育てる筋道，授業実践までの手立てを，「四つの側面，七つの視点」として提案しているので説明しておきたい。梶田は自己学習能力の育成の考え方を「自己教育の構えと力（主要な4つの側面：7つの視点の相互関連性）」として内面性の教育を土台に提言している。自己教育力という理念を構成する主要な柱であるⅠ．「成長・発展への志向」の側面は，

図1　自己教育の構えと力（梶田，1994，p.239）

少しでも優れた存在へ自分自身を引き上げていこうとする志向性を持つことで，視点1としては認知面で「目標の感覚と意識」，2として1を支える情意面の基盤として，「達成・向上の意欲」である。Ⅱの「自己の対象化と抑制」の側面は，課題等を意識して，自分自身が近づくように働きかける構えと能力であり，視点3としては，「自己の認識と評価の力」である。自らを率直にありのまま認識・受容し，自己防衛的でなく，現実対処的な姿勢を確立させることである。このことが，自己認識・自己評価に独りよがりでない社会性を持たせることにつながるのである。視点4の「統制の力」は，自分自身を何とかコントロールして，望ましい方向へ持っていく力である。Ⅲの「学習の技能と基盤」の側面は，学び方の知識と技能や基礎的な知識・理解・技能を習得するための必須のものである。視点5の「学び方の知識と技能」は，自分なりに情報を収集し，自学自習するため必要な知識や技能といえる。視点6の「基礎的な知識・理解・技能」は新しいことを学ぶための前提となるような基礎的な力であるといえる。「自信・プライド・安定性」は，上記の三つの側面を心理面から支え，学んだことに自分なりの自信やプライドを与える視点7なのである（図1参照）。

3 　自己学習能力を支えるために自己評価能力が必要な意義とは

　「関心・意欲・態度」の成長状況や「主体的な学び」の到達状況をペーパーテストで測定することはできない。そこで，教師たちは外部からの視点では評価が難しい「自己評価チェックカード」や「自己評価カード」を用いて，主体的な学びがどのように深まったかを見取るように工夫してきた。それは，結局のところ「関心・意欲・態度」や「主体的な学び」といった子どもたちの内面的な達成状況や成長については，子どもたち一人ひとりが自分自身で，点検し，反省するしか方法がないということが理由である。

　かつて，1997年に梶田と古川（大阪大学と箕面市教育センターの共同研究）が「自己評価に関する全国調査」（小学校700校，中学校500校，回収率56％）を行った。調査結果では，自己評価を「学校全体で実施している」は小学校35％，中学校25％であった。(1)「どのような方法で実施されていますか」では，①「設定された項目に記入していく」は，小学校77％，中学校74％，②「数行の振り返りコメントを書く」小学校71％，中学校65％，③「振り返りの作文（400字以上）を書く」小学校21％，中学校23％の順で，教師側が設定した自己評価カードなどの項目に書く他律的なスタイルが多かった。(2)自己評価を「どのような教科・領域・教育活動で実施されていますか」では，教科学習の場面，学級活動の場面，教科学習の場面・学級活動の場面以外の学校生活の学校行事ごとで行うと回答があった。全体としての結果では，自己評価活動の意義が十分に理解されず評価方法の手軽な道具として狭く考えられていることなど問題点が明らかになった。具体的な結果では，①自己評価が過去の反省で終わり，将来に向かって伸びていく力にする形成的な評価の面が弱いこと，②学習者の内面に関する評価手段として考えられ，人間形成を進めていく手立てとしての理解が弱いこと，③自己評価の習慣化が，子どもたちにとって逆に形骸化を招いていること，④自己評価の結果が，授業改善や子どもたちの変容に結び付いていないこと，⑤子ども自身の自己学習能力を高めるための教育活動であるにもかか

わらず，教師のお手軽な評価道具になっていること，⑥時間がかかり長続きしないこと，⑦自らを振り返る多様な自己評価活動が，自己評価カードへの記入や「チェックカード」のための活動に矮小化されていること，⑧自己評価の結果を教師等の他者評価を通過させないと，自己満足や必要以上に過小評価につながりやすいなどである。以上のことから，自己評価を実施するには学習者の内面を見取る評価方法というだけではなく，教育活動として人間形成をする上での深い意味を含んでいることを自覚して実施しなければならない。では，自己評価活動が持つ本質的な意味と可能性とは何かについて，梶田の自己評価的活動の心理的過程説から意義を考えてみたい（図2参照）。

梶田（1994，pp.220-221）によると一番目は，「自分自身を振り返って自分なりに吟味する機会を提供するということである。自己を対象化してみる機会

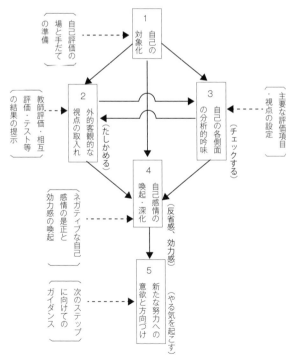

図2　自己評価活動の心理的過程（梶田，1994，p.239）

を持てるといってもいい。こうした，振り返りが，自分の認識の仕方について認識し，自分の学習の仕方について学習するという面を持つという点から言えば，メタ認識を成立させるきっかけを与えるもの」と言えるのではないか。二番目は，「自己評価が外的な評価の認識を伴った形でなされるならば，独りよがりでない客観的な妥当性を持つ自己認識を成立させていくうえで貴重なきっかけを与えてくれる。教師が模範解答を示し説明し，それを基準に自分のテストやワークシートを自己点検，自己評価し，自分は頑張っただろうか，進歩はあっただろうかなどを自己評価する方法」である。例えば，ポートフォリオ評価で，子どもが独自に行った評価に教師も加わって共に自己評価をさせることなどはその例であろう。外的で客観的な視点を自己評価の中へ入れていくことで，独善的な自己評価を防ぐことができるのである。三番目は，「自己評価のために設定された項目や視点に沿って自分自身を振り返ってみることによって，自分の学習やあり方を分析的に吟味し，これまで意識していなかった面に新しく気づき，またそこに潜む問題があれば，それをはっきりさせることができる。大雑把に振り返っているだけでは，自分の在り方のどの点は大丈夫で，どの点が今後努力を必要とするかが見えてこない」のである。四番目は，「自己評価は自己感情を喚起し，深化するという点に注目しておく必要がある。自分自身を振り返って点検吟味していく中で，自分のあり方についての満足感，不満感等が生じてこざるを得ない。こうした感情はもっと深化していけば，自負や誇り，自信や効力感，あるいは無力感や自己不全感などといった自己評価感覚になって」いく。五番目は，「一人ひとりが自分の次のステップについて新たな決意，新たな意欲を持つ」という期待につながってほしいものである。

　このような認識をもって，各学校が自己評価活動を進めていくなら，全国調査で評価方法の手軽な道具として狭く考えられていると指摘したような問題点が解決され，自己評価活動が自己学習能力を支えるだけでなく，人間形成を図る教育の土台としての役割を果たせるのではないだろうか。

4 いつ，何を，どのように自己評価すればいいのか

　前述の「自己評価に関する全国調査」で，「自己評価活動を実施されている
理由は何ですか」という問いには，①「自己学習能力をつけるため」という
回答が，小学校63%，中学校61%，②「主体性をつけるため」が，小学校60%，
中学校40%，③「自己認識や自己理解を培うため」が，小学校55%，中学校
66% と自己評価活動を本質的な意味を持つものと考えられるようになってき
たことがうかがえる。しかし，にもかかわらず「何故，自己評価活動を行わな
いのですか」というアンケートの回答では，①「時間がない」は，小学校31%，
中学校39%，②「必要がない」は，小学校14%，中学校22%，③「方法がわか
らない」は小学校18%，中学校13% であった。このことからも，自己評価活動
ができる適切な機会の設定と場面構成，何を自己評価の対象とするかについて
工夫していく必要がある。
　梶田の自己評価すべき主要な側面を参考にすると次のようにまとめることが
できる。
　⑴は授業・活動への参加状況。①興味・関心を持って学んだ。②頑張ってやっ
た。③工夫して取り組んだ。④面白かった。⑤満足したなどである。
　⑵は向上・成長の状況。①～ができるようになった。②～がわかるようになっ
た。③～が感じ取れるようになった。④これからも～をやっていきたい。
　⑶は学習に関する習慣・態度。①予習をやっている。②復習をやっている。
③集中して学習に取り組んでいる。④好きではないが必要なことは頑張れる。
　⑷は対人関係の在り方。①先生によくわかってもらっている。②親によくわ
かってもらっている。③仲間がよくわかってくれる。④どの友達とも助け合い
仲良く協力して学習できる。⑤友達と対話して，深い理解をめざすことができる。
　⑸は自分自身の全体的なあり方。①学び方を工夫し，うまく学べないときは，
学び方を調整している。②今のままの自分でいいと思う。③将来の進路が明る
い。④今の自分に自信と誇りを持てている。⑤～の点や新しい学習についても

できると思う。

　自己評価の時期であるが，（1）の授業・活動への参加状況や（2）の向上・成長の状況については，授業の終わり，単元末，学期末，学年末のそれぞれの場で振り返りが望ましいが，（3）の学習に関する習慣・態度，（4）の対人関係の在り方，（5）の自分自身の全体的なあり方については，教師は比較的長期の見通しをもって学期末，学年末に自己評価をさせると効果的な見取りができるのではないだろうか。

　自己評価活動は，過去の反省ではなく，あくまでも自らの自己学習能力を高めていく学習途上のスプリングボードなのである。

おわりに

　最後に，2017年版学習指導要領に示された目標の「学びに向かう力，人間性等」とそれに対して指導要録の観点別評価観点の「主体的に学習に取り組む態度」の関係の整理が必要である。2019年3月に出された「学習評価及び指導要録の改善について」に関する文部科学省通知，③「評価の留意点」では，上記の関係を次のように述べている。「主体的に学習に取り組む態度」と資質・能力の柱である「学びに向かう力，人間性等」には，①主体的に学習に取り組む態度として観点別評価（学習状況を分析的に捉える）を通して見取ることができる部分と，観点別評価や評定にはなじまず，……個人内評価（個人のよい点や可能性，進歩の状況について評価する）を通して見取る部分があることに留意すること」。以上を踏まえると，自己学習能力の育成，今回の指導要領の評価観点で言う「主体的に学習に取り組む態度」の評価の観点では，前述した学習意欲，効力感等に加えて，粘り強く学ぶ持続力や「主体的・対話的で深い学び」を実現する視点から学習の自己調整力を育てる観点を設定することが必要になってきたことを自覚したい。

参考文献

中央教育審議会「幼稚園，小学校，中学校，高等学校及び特別支援学校の学習指導要領等の改善及び
　必要な方策等について」（答申）2018，p.49

古川治『自己評価活動が学校を変える』明治図書出版，2002，pp.12-18

梶田叡一「自己評価的活動の心理的過程」『教育における評価の理論1　学力観・評価観の転換』金
　子書房，1994，p.220

梶田叡一「自己評価で自己教育力をのばす」『教育における評価の理論1　学力観・評価観の転換』金
　子書房，1994，pp.220-221

梶田叡一・静岡大学教育学部附属浜松中学校　『自己学習能力の育成――授業の設計と展開』明治図書
　出版，1984，p.15

文部省『中央教育審議会教育内容等小委員会審議経過報告』1983

文部省平成元年版小学校学習指導要領総則「学習指導要領の変遷」『別冊初等教育資料900号記念増刊』
　東洋館出版，2013，p.281

文部科学省「小学校，中学校，高等学校及び特別支援学校における児童生徒の学習評価及び指導要録
　の改善等について」（通知）2019

櫻井茂男編『改訂版たのしく学べる最新教育心理学――教職に関わるすべての人々に』図書文化社，
　2017，p.45

社会教育審議会「急激な社会構造の変化に対処する社会教育のあり方について」答申，1971

特別寄稿

ブルーム理論の現代的意義

浅田　匡○あさだ　ただし

1．ブルーム理論とは

　ブルーム理論の現代的意義を考えるにあたり，ブルーム理論とはどのような理論であるのか、を整理しておきたい。梶田（1994）によれば，ブルーム理論の基本構造は①教育目標のタキソノミー（分類学）の理論，②形成的評価の理論，③マスタリーラーニング（完全習得学習）の理論，④カリキュラムの理論，であり，加えて「落ちこぼれ」を防止することから英才の育成へという学校教育の改善・改革を志向した才能開発の研究から成る。

　これらの理論の基底には，学校学習が子どもの健全な成長を必ずしも保障していないからこそ，学校学習を改善・改革する理論と実践が必要であるというブルームの考え方があると思われる。すなわち，学校教育が組織的に子どもの(学業的)自己概念を破壊し，その後なかなか拭いきれない劣等感や自己否定感を一人ひとりの子どもに持たせる営みになっているという捉え（問題意識）があ

る。ブルーム理論とは，この問題意識に支えられ，教育の統合科学として実践と理論との往還によるカリキュラムの開発に結実していると捉えられるだろう。

　カリキュラム開発には，①各教科の内容自体に関わるもの，②社会的背景に関わるもの，③被教育者（学習者）の特性に関わるもの，④価値観に関わるもの，⑤学習法則に関わるもの，が少なくとも統合されることが求められ，そのために教育目標のタキソノミー，それに基づく形成的テスト（形成的評価），マスタリーラーニングをベースにした綿密な試行・評価の積み上げが行われなければならない。このカリキュラム開発は，学校教育を子どもの発達の全過程との関わりにおいて問い直すマクロな視点とマスタリーラーニングとして開発された実践のミクロな視点との統合とも捉えられるだろう。

　したがって，ブルーム理論とは一人ひとりの子どもの健全な成長を保障する学校学習システムの追究のための理論として捉えることができるが，このブルーム理論が現代の学校教育，あるいは教育研究に持つ意義とはどのようなことだろうか。本稿では，ブルーム理論に大きな影響を与えたキャロル（Carroll, J. B.）自身による学校学習モデルとマスタリーラーニング・モデルとの比較，そしてブルーム（Bloom, B. S.）を中心とした才能開発に関する研究に基づいて，ブルーム理論の現代的意義を検討してみたい。

2．キャロルの学校学習モデルとマスタリーラーニング（完全習得学習）

　キャロル（Carroll, 1989）は，自らの学校学習モデルを世に問うてから25年後に，自らの学校学習モデルを引用している1969年から1980年までの168論文，1981年から1986年までの133論文を対象にレビューを行い，自らのモデルの再評価を行っている。それによれば，キャロル・モデルのポイントは，学習における時間に着目をしたこと，すなわち「いかなる学習も時間を必要とする」ことである。しかしながら，キャロル・モデルにおける時間とは，心理学的には空虚な概念である学習曲線における時間といった物理的時間ではなく，学習に

必要とする時間（TTL：Time needed to learn）と学習に費やされた時間（TSL：Time spent）を意味する。外国語学習における，学習者の適性の高低による学習到達度の差に関する研究に基づいたキャロル・モデルでは，学習者のもつ適性を TSL に関連する TTL と捉えることにより，これまで適切に扱われてこなかった学習者の適性が一人ひとりの学習の成果（学習到達度）の重要な予測要因として捉えられると考えられたのである。したがってキャロル・モデルは，そのモデルによって学校学習の成果を説明・解釈できるのか，を問題としており，学習課題に対する学習者の適性の差が学校での学習成果に大きく影響するかという，個人差に対応する教授学習へのアプローチであった。

　ブルームは，このキャロル・モデルで示された学習到達度を向上させるための５つの変数，①与えられた課題を学習するのに必要とする時間量を決定する変数である「適性」，②学習のために許された時間量である「学習機会」，③課題を学習することに子どもが進んで費やす時間量である「学習持続力」，④「指導の質」，⑤教授を理解する能力である「授業理解力」を完全習得学習の基本概念の１つとし，自らの学校学習モデルにおいて指導の質，子どもの動機や適性を高めること，あるいは学習の前提となる子どもの特性を高めることによって，TTL と TSL は変化し学習到達度を向上させることができるとした。「指導の質」は子どもの学習にとって最適なレベルよりも低い場合，学習に必要とする時間量は増えることになり，また子どもが教師の説明などを理解する能力である「授業理解力」を欠いている場合も学習に必要とする時間量は増えることになる。

　このように，完全習得学習はキャロル・モデルの実践化と考えることもできるが，必ずしもそうではない。両者の違いとは，キャロル・モデルでは学校学習の改善に対して学習機会の平等を達成しようとしたが，マスタリーラーニング・モデルでは学業達成の平等（結果の平等）を達成しようとした点にある。学習機会の平等とは，可能な限りすべての子どもの可能性・潜在能力（potentials）を最大限まで伸ばそうとすることであり，そのために適切な学習機会を提供することである。このことは，必ずしもすべての子どもに学習機会を平等に提供するということではない。キャロル・モデルは子どもの可能性（潜在能力）の

個人差，学習に利用できる時間という現実を踏まえ，一人ひとりの子どもが可能な限り学習のための能力（capabilities）を身に付け，活用できるようになることが実現されるように，教育プログラムは工夫され，選択されるべきであるという考え方に基づくモデルなのである。後述するが，マスタリーラーニング・モデルはキャロル・モデルの適性という個人差を解消することへのアプローチを具体化したモデルと位置づけられると考えられる。そのポイントは，具体的に指導の質ということを精緻化したことである。それは，継続的な形成的テスト，修正フィードバック（FB），個別指導（tutoring），そして宿題（家庭学習）である。これらの指導の質に関する要素が適切に行われると，より大きな教育の成果につながる。さらに，教育目標の分類学に基づく目標分析から目標構造図を作成することが形成的テストを可能にしている。このように，マスタリーラーニング・モデルはブルーム理論の基本的構造の中で教育目標のタキソノミーや形成的評価の理論を実践レベルで統合したモデルと位置づけることができると考えられる。

　しかしながら，キャロルは学習課題をスモール・ステップに分析することを求めるのではなく，教える内容をどのように編成し提示するかという基本的問題が重要であると指摘した。このことは，完全習得学習においても目標構造図を作成することによって授業・単元における教える内容の全体を見失わないように十分に考慮はされたが，「目標潰し」の授業，あるいは目標構造図があらかじめ規定された教育目標の階層構造に基づく達成の系列を重視した授業に陥っているという完全習得学習の問題と対応する。この問題は，教育目標の分類学における目標の階層性の問題である。さらに，認知科学の発展とともに，認知領域でのSOLO分類学や改訂版タキソノミーといった新たな教育目標の階層による教育目標の分類学へ展開したと思われる。それは，教科内容を子どもが学ぶ際に必要とされる認知プロセスに注目することによるが，その課題はどのような指導が子どもの認知プロセスの活用を促すために必要とされるか，という指導の質にあるのである。

　ブルームによって指導の質は精緻化されたが，マスタリーラーニング・モデ

ルにおいても子どもの学習到達度を規定する5つの要因の関係が明らかにはなっていない。しかしながらキャロルは，マスタリーラーニング・モデルは適切であり，指導の質と学習の機会の要因が適切に扱われると学習持続力は自ずと高まり，学習到達度は向上すると述べている。

3. 才能開発研究と学校学習

　完全習得学習に対して，才能開発に関する研究は「落ちこぼれ」を防止することではなく，英才の育成に関する学校教育の改革・改善を志向した研究であるとされる。ブルームら（Bloom & Sosniak, 1981）によると，この研究は，35歳までに最高レベルの到達度を示したピアニストと彫刻家，水泳選手とテニス選手，数学者と神経学者を対象とし，芸術分野，精神運動分野，認知分野の3つの分野での人が持つ可能性・潜在能力を現代社会において実現する手段と教育プロセスを明らかにすることを目的とした研究プロジェクトである。キャロル・モデルにおいて問題とされた一人ひとりの潜在能力を実現することと同一の方向である。その意味で，才能開発研究は完全習得学習と補完的関係にある研究と位置づけることができると考えられる。このことを，「Talent Development Vs. Schooling（才能開発　Vs. 学校教育）」（Bloom & Sosniak, 1981）に基づいて検討したい。

　ブルームは，才能開発研究の目的は，人間の可能性・潜在能力と教育プロセスを探り，潜在能力を社会において実現する手段をさらに理解することであると述べている。つまり，キャロルの学校学習モデルが目指すべきことと同じである。一人ひとりの子どもの可能性を実現するために，ブルームは才能開発を支え促した教育プロセスを明らかにするというアプローチによって学校学習システムの改善を目指したのである。

　一人ひとりの子どもの可能性を実現するための教育システムへ向かうために，ブルームは才能開発研究において表1に示したように才能開発と学校教育との相違点を明らかにした。それによれば，才能開発の教授学習は家族モデル（family

表1　才能開発と学校教育との比較（Bloom & Sosniak, 1981 より作成）

	才能開発	学校教育
カリキュラム	・インフォーマルな教授学習 ・カリキュラムは，言語，特定の才能 開発領域，一連の（家族から）期待される行動，価値体系や生活様式から構成される ・個々の子どもの発達段階に適切と思われる基準に基づく教授学習	・フォーマルな学習 ・カリキュラムは，いつ，何が学ばれるかのガイドラインに基づく ・子どもの年齢にしたがった学校のスケジュールと基準に基づく教授学習
教授学習過程・指導法	・親がその分野で平均以上のレベルにあり，ライフスタイル等を示すモデル，また十分な学習のリソースを提供 ・教師と子どもは1対1を基盤とした教授学習 ・一人ひとりをユニーク（独自）な存在とみなし，適切な学習課題，適切な学習ペースを設定 ・学習プロセスに沿って教授学習を継続的に調整 ・モデリング，直接教授などが期待される行動を強化する手段 ・個々が明確に進歩し，学習の困難さに打ち勝ち，より高いレベルまで到達することを支援する場合のみ，教授はよいこととみなされる	・集団での学習が基本であり，教授学習は教師による説明，演示，子どもからの反応，練習のサイクル ・すべての子どもに等しく対応（説明，報酬，強化という教授活動が同じ） ・課題は同じであるが，すべての子どもが同じレベルまで学習することは期待されていない（個々に対する最小限の調整のみ） ・子どもは集団の一員として，教師と教材が提供するほぼ同じ扱いを受ける（同年齢の子どもの多くに適切と考えられている） ・学習における子どもの役割が明確に決められている
評価	・その分野への関心や僅かな能力の兆候（サイン）が親により奨励され報酬が与えられる ・個々人を重視し，ある特定の活動における進歩を重視	・集団学習を重視し，学習すべき教科内容やスキルを重視

model）と称されている。それは，家庭における教育システムの特徴が一人ひとりの子どもの可能性を実現することにつながっていることに因ると思われる。

　具体的に家族モデルとは，一対一関係を基盤とした教授学習過程であり，その関係は少なくとも5年以上長期にわたる関係である。また，一人ひとりの子どもをユニークな存在と捉え，その子どもに適切な学習課題，適切な学習ペースを設定し，学習の評価も才能開発に関する活動分野における進歩を重視する。自己内評価を基本とし，加えて家族からの励ましや称賛，また学習に必要とされるリソースが提供される。さらに，カリキュラム内容は言語，特定の才能開発の領域，家族から期待される一連の活動，そして価値体系や生活様式から構成されている。したがって，一人ひとりの学習プロセスを長期的な視点から捉え，学習プロセスにおいて継続的に評価を繰り返し，学習プロセスや学習課題

などをその子どもに応じて適合していく教授学習システムである。

　一方，学校教育は集団による学習を基本とし，学習指導要領のようにいつ，何が学ばれるかが示されたガイドラインに基づいて学習すべき教科内容やスキルが重視される。また，すべての子どもに平等に対応することが求められ，一人ひとりの子どもに適合した教授学習プロセスを行うことは最小限に限られている。すなわち，子どもの年齢にしたがい，学校のスケジュールと基準による教授学習プロセスが，学校では展開されている。このような特徴を持つ学校教育において，少なくとも一人ひとりが学校で習得すべき最低限の知識や技能の習得を保障しようとするのが完全習得学習であり，それに留まらず一人ひとりの可能性を実現する教育システムを組み込もうとしたのが才能開発モデル，つまり家族モデルである。

　ブルームは，学校教育と家族モデルとの間には互恵的な関係が成立すると考えている。才能開発において学校教育での一人ひとりの子どもの経験が，才能開発における教授学習プロセスを支援したり，学校のイベントでの才能開発に関連する学習成果の発表によってその学習が奨励されたり動機付けられたりする。すなわち，一人ひとりの子どもの興味を拡げ，自らの才能開発に関する学習がやりがいのある，また価値あるものと感じることを支援するソース（源）として学校教育での経験が働くのである。

　しかしながら，現実には学校教育が才能開発に否定的な影響を与えることもある。才能開発に取り組んでいる子どもは，学校では軽蔑的な意味で「変わり者」というラベルを貼られ，部外者として扱われる。すなわち，学校教育と才能開発の教育が求めることは対立葛藤し，学校教育は子どもにとって本当に苦しむべきものでしかない。また，学校教育と才能開発の教育とはほとんど関係がなく，子どもは学校教育が要求することをすべて行った上で，才能開発の学習のための時間，エネルギー，リソースを見出していることもある。

　これらは，学校教育と才能開発の教育とが対立葛藤する関係にあり，その葛藤の解消に子どもは苦しんでいるということになる。すなわち，一人ひとりの子どもの可能性を社会において実現することにはならないのである。それゆえ，

ブルームは学校学習と家族モデルの学習の両全あるいはそれらが互恵的関係と
なる教育システムを構想しようとしたのではないだろうか。

4．学校学習と子どもの自己実現

　ブルーム理論とは，子どもの自己実現を図る学校学習あるいは家庭を含めた
教育システムの構築のための理論と考えることができるように思われる。完全
習得学習は，学校教育において子どもの学業的自己概念，あるいは全体的自己
概念が破壊されている，それも学力が十分に習得できない授業に原因があると
いう問題意識からはじまっている。学校教育システムが一人ひとりの子どもの
自己実現を図っていく際の障害となっているのであり，同時にその障害は避け
ることはできない社会的な制度なのである。その後，学力と自己概念の研究
（Bracken，1996）では自己概念は多面的階層的と考えられ，学力と関連が強
いのは学業的自己概念であり，他の自己概念の側面や全体的な自己概念と学力
の関連があるわけではないという研究成果も示され，完全習得学習が解決しよ
うとした学力と自己概念の問題も現代では意義が薄れたように思われたかもし
れない。しかしながら，学力と自己概念との関連は少なくとも現実にあるとい
うレビューもなされている（Hamachek，1995）。マスタリーラーニング・モデ
ルにおけるブルームの問題意識は，古くて新しい課題を今なお私たちに突きつ
けているのである。

　さらに，才能開発の研究においては，この学校教育が一人ひとりの子どもの
自己実現の障害となっているという問題に関して，12歳以降，なぜ学習にとて
も関わる（こだわる）ことができる子どもがいる一方，多くの子どもは学習に
対してこだわることができないのか，ということを問うている。その理由として，
家族モデルといわれる家庭での教育においては，年齢も発達のレベルも異なっ
ていることが，その子どもにとってポジティブな学習成果につながるように，「変
わり者」ではなくユニークな存在として，一人ひとりの子どもは扱われること
であると考えられた。すなわち，学校教育においても，多様な身体的，社会的，

あるいは知的な発達段階にある子どもたちが，同じ教室内で家庭での教育のように一人ひとりに応じた教授学習過程を実現することを目指したのである。

このことをキャロル・モデルと対比して図示したのが，図1である。前述したとおり，キャロル・モデルは一人ひとりの子どもの可能性（潜在能力）を実現するために，学習の機会の平等，すなわち学習への適性として学習の時間（Time-on-task）に着目し，それに関わる5つの要素を示した。5つの要素間の関係はいまだに明らかにはされていないが，教師の指導の質と学習の機会を高めることが個々の子どもの適性を高めるだろうと指摘されている。また，その意義は学校学習の成果（学習到達度）に5つの要素が影響することが示されたこと，そして今後の教育研究に有用な設計図となりうることであるとされる。人工知能の活用など，一人ひとりの子どもに適合した教育が進められようとしているが，キャロル・モデルに立ち返って教授学習過程を考えられることが求められるのではないだろうか。

ブルーム理論は，現代社会において一人ひとりの可能性の実現を目指した。

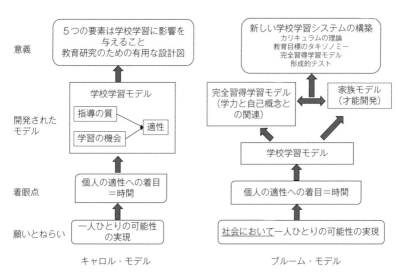

図1　キャロル・モデルとブルーム理論（筆者作成）

キャロル・モデルに着目しながら，学校教育システムが持つ自己実現への障害をいかに克服するか，ということを具現化した完全習得学習モデルを開発し，さらに一人ひとりの才能を開花させる教育システムの特徴を明らかにするだけでなく，その特徴を学校学習に組み入れることを志向したと考えられる。適性処遇交互作用（ATI）にみられる一人ひとりの子どものある側面の個人差に着目し働きかけるのではなく，一人ひとりの子どもがユニークな存在であることに基づく学校学習システムの構築である。そのためブルームは，学校教育の問題点からだけでなく，個々の子どもの自己実現における利点から学校教育を捉えている。例えば，我が国でも学校行事が持つ教育的機能に関する研究（例：樽木・石隈，2006）が行われているが，一人ひとりの子どもの才能開発という視点は必ずしも組み入れられていない。ブルームは，学校での経験が，個々の子どもの興味を拡げ，自らの才能が現実社会において意義あるものと認められ，自らの学習がやりがいのある，価値あることであると感じることを支援するのであり，才能開発につながる学校教育システムの実現を目指していたと考えられる。教育改革においてICTが学校教育にますます取り入れられようとする中で，ブルーム理論が示した学校学習システムへの考え方はますます重要になるだけでなく，学校教育システムが本来備えるべき特徴を改めて考えることを求めているのではないだろうか。

　学校という場だけでなく，一人ひとりの子どもが学ぶことのできるすべての場において，ブルームの示した考え方を問うことが，学校教育をよりよくしていくために必要だと思われる。

5．最後に ── 教育目標のタキソノミーに関して

　最後に，ブルーム理論の現代的意義を問うには，ブルーム理論の大きな柱である教育目標のタキソノミーに触れる必要がある。SOLO分類学や改訂版タキソノミーが提案され，ブルーム・タキソノミーは時代遅れというレッテルが貼られているようである（例えば，石井, 2003；Bereiter & Scardamalis,

2005)。しかしながら，批判的思考力（critical thinking）など高次の認知能力が学校教育の認知的目標として重視され，経営教育や看護教育などにおいて教育目標のタキソノミーが活用されてきている（例えば，Athanassiou McNett & Harrey, 2003）。このことは，「教える」という実践におけるブルーム・タキソノミーの原理原則の意義を改めて示しているだろう。それは，「教える」という視点から，子どもの学習の達成系列に基づく教授学習過程を描き，そのプロセスを形成的に評価していくことが，子どもの学びを向上させるということである。一人ひとりの子どもの認知プロセスは多様であり，それに基づくタキソノミー開発が求められるかもしれない。しかし，それは授業実践では使えないタキソノミーになりかねない。例えば，キャロルは，子どもの適性の診断評価として知能検査よりも具体的な課題に基づくテストがより適切であるとも指摘しているが，授業実践は，具体的な教える内容に依存するのであり，具体的な教授内容に対する子どもの認知プロセスに基づこうとすればするほど教授内容に即して具体的になり，分類学としての体系を失うことになりかねないのである。このように，ブルーム理論の基本構造である教育目標のタキソノミーも教育実践においては現代社会においても全く色褪せてはいない理論と考えることができる。

　ブルーム理論は，社会において一人ひとりの子どもの可能性・潜在能力を実現していく学校学習システムの実践レベルでの実現という枠組みによって，教育研究において追求し続けていくべき問題を示し，また，その解決に向かう具体的なアプローチとその成果を示してきたと捉えられる。したがってブルーム理論は，現代社会における教育のイノベーションを進める礎と位置付けることができるだろう。

参考文献

Athanassiou, N., McNett, J. M., Harvey, C. Critical Thinking in the Management Classroom: Bloom's Taxonomy as a Learning Tool. *Journal of Management Education* 27(5), 533-555, 2003

Bereiter, C., Scardamalia, M. Beyond Bloom's taxonomy: Rethinking knowledge for the knowledge age. In *International handbook of educational change*, 675-692. Springer, 1998

Bloom, B. S., Sosniak, L. A. Talent Development vs. Schooling. *Educational Leadership* 39(2), 86-94, 1981

Bracken, B. A. (ed.) *Handbook of Self-Concept: Developmental, Social, and Clinical Considerations*, Wiley 1996（梶田叡一・浅田匡監訳，ブルース・A・ブラッケン編『自己概念研究ハンドブック』金子書房，2009）

Carroll, J. B. The Carroll Model: A 25-Year Retrospective and Prospective View. *Educational Researcher* 18(1), 26-31, 1989

Hamachek, D. Self-Concept and School Achievement: Interaction Dynamics and a Tool for Assessing the Self Concept Component. *Journal of Counselling & Development* 73(4), 419-425, 1995

石井英真「『改訂版タキソノミー』によるブルーム・タキソノミーの再構築——知識と認知過程の二次元構成の検討を中心に」『教育方法学研究』28, 47-58, 2003

梶田叡一『教育における評価の理論Ⅱ 学校学習とブルーム理論』金子書房, 1994

樽木靖夫・石隈利紀「文化祭での学級劇における中学生の小集団の体験の効果——小集団の発展，分業的協力，担任教師の援助介入に焦点をあてて」『教育心理学研究』54(1), 101-111, 2006

特別寄稿

令和の時代を迎えて

これからの生徒指導と人間教育

乾　　匡〇いぬいただす

はじめに

　令和2年という年は，コロナウィルスが猛威をふるい，政府によって全国に緊急事態宣言が発出された。これまで当たり前としてきた日常が失われ，すべての国民に「新しい生活様式」が求められている。また，同時に経済状況も極めて不安定で厳しい状況となっている。このような過去に経験がない不透明な先行きに対して不安と緊張が長く続いており，「withコロナ」という新しい言葉とともに我々国民は従来の生活や価値観をドラスティックに変えざるを得ない年となっている。

　学校現場へも大きな影響を及ぼしている。感染予防，感染拡大防止対策という観点から「一斉休校」という忸怩たる判断が下された。子どもたちの不安，寂しさを考えると本当に無念でならない。多くの先生方や保護者の方々も大きな戸惑いがあったことだろう。教室には子どもたちのたくさんの笑顔があり，

その子どもたちと真正面から向き合いながら先生たちが渾身の授業を振る舞うという今までの当たり前が当たり前ではなくなってしまった。Face to face で教師と生徒が，また子ども同士が互いの温もりを感じながら人間を磨く場としての教室が奪われてしまったことに大きな衝撃を受けた。

1　教育の ICT 化

　先述したようなコロナ禍の状況にあっても学校には子どもたちの学びを保障しなければならない責任がある。このため，従来，当たり前であった対面による授業の代わりに「オンライン授業」や「デジタル教材」といった「教育のICT化」が一気に加速した年にもなった。AI時代の到来が告げられる中でこれから先，情報通信技術の一層の進化が新たな学びを創造していくことが予測される。確かに「教育のICT化」は不可欠なものである。膨大な情報を瞬時にとり入れたり，世界中でその情報をシェアできるという利便性は大いに教育に活用すべきである。通学が困難な子どもたちにとっては，学校に行かずともより質の高い学びを実現することができる環境が整っていくことになり子どもたちの将来にとっては大変意味深いことである。

　一方，教育のICT化の必要性，有効性が認められていく中で，改めて教育の本質というものがクローズアップされた年にもなったのではないかと考える。教育基本法に定められた教育の目的である「人間形成」という観点で見れば，学校の存在価値は人と交わり，人にもまれながら「様々な社会性」や「人としての心の在りよう」を身につけることができることにある。他者と交わることで自分という存在に理解を深めることができる。他者の役に立てた際に自己有用感を実感したり，互いに刺激を与え合い，支え合い，切磋琢磨しながらともに成長する場であるためには学校に人が集ってこそ成立するものである。

　平成30年6月に閣議決定された「第3期教育振興基本計画」の前文に次に示す記述がある。「今，我が国は，人生100年時代を迎えようとしており，また，超スマート社会（Society 5.0）の実現に向けて人工知能（AI）やビッグデータ

の活用などの技術革新が急速に進んでいる。こうした社会の大転換を乗り越え，全ての人が，豊かな人生を生き抜くために必要な力を身に付け，活躍できるようにする上で，教育の力の果たす役割は大きい。」。2030年以降の社会を展望し『夢と志を持ち，可能性に挑戦するために必要となる力を育成する』という基本的な方針が示され『教育を通じて生涯にわたる一人一人の可能性とチャンスを最大化することを中心に据えて取り組む』」とされている。

　また，「社会に開かれた教育課程」という新学習指導要領の柱となる理念が文部科学省から示された。「『より良い学校教育を通じてより良い社会を創る』という目標を学校と社会が共有し，連携・協働しながら，新しい時代に求められている資質・能力を子供たちに育む『社会に開かれた教育課程』の実現に向けて，地域と学校の連携・協働の推進が重要です。」（文部科学省）このように，学校教育を学校内に閉じずに，地域の人的・物的資源を活用したり，放課後や土曜日等を活用した社会教育との連携を図ったりし，その目指すところを社会と共有・連携しながら実現させることが求められている。

　今，教育において「不易」と「流行」をどのように見極めるのかが問われている。このことを踏まえて学校においては，従来から当たり前とされてきた教育を見直し，ICT を活用した新たな教育プログラムの開発やハイブリッド教育などの環境整備に取り組まなければならない。一方で見直すにあたっては，人間教育の重要性も再確認すべきだと考える。「変化に対応する」という喫緊の課題に対して教育に課せられた使命は大きく，また期待も大きい。

　そこで令和時代の教育について，このような時代であるからこそ「大切にすべきこと」「現代若者気質」について考察し，その上で「どのような人間を育てる」ことを目指すのかという視点で今日的な生徒指導の在り方を考えてみたい。

2　このような時代だからこそ大切にすべきこと

　文部科学省国立教育政策研究所発行の生徒指導リーフによれば「生徒指導とは，社会の中で自分らしく生きることができる大人へと児童生徒が育つように，

その成長・発達を促したり支えたりする意図でなされる働きかけの総称のこと。すなわち，学校生活の中で児童生徒自らが，その社会的資質を伸ばすとともに，さらなる社会的能力を獲得していくこと（社会性の育成）そして，それらの資質・能力を適切に行使して自己実現を図りながら自己の幸福と社会の発展を追求していく大人になること（社会に受け入れられる自己実現）そうしたことを願って児童生徒の自発的かつ主体的な成長・発達の過程を支援していく働きかけのこと。」とある。（国立教育政策研究所，2012）

　近年のように変化のスピードがとてつもなく速くなってきた社会においては，その変化の風を読み，適切に対応することも非常に大切なことである。しかしながら，このような時代であるからこそ「不易」を見失うことなく，教師は自信をもって児童生徒の内面に切り込んでいくことが大切なのではないかと考える。子どもたちと真正面から向き合い，教育のプロとして深い愛情のもとに子どもたちを全力で褒め，全力で叱るといった心の通った人間教育を実践していくことが何より大切なことである。

　現在の学校現場では，どちらかと言えば「全体」「集団」よりも「個」にスポットが当たり，児童生徒一人ひとりの多様性に適切に対応することが求められている。特に新学習指導要領に示されている「主体的・対話的で深い学び」を実現するために，児童生徒個々の興味・関心を高めることや学びへの意欲喚起を引き出すアプローチが必要で，その有効なツールとして「教育のICT化」が大きくクローズアップされている。また，教師は児童生徒たちへの質の高い学びを提供するためにPDCAサイクルに基づく日々の授業改善が求められ，教育の質が大きく問われる時代となってきた。

　しかしながら，どのように社会が変わろうとも「児童生徒と関わる」という教育の営みにおいて大切なことは「どのように児童生徒と関わるのか」である。それは，児童生徒を思う教員の熱いハートであり，この児童生徒を何とかしてやりたいという心意気である。これまでの教員経験の中でとても印象深く残っている言葉がある。それは，『「匠」といわれ，最高の仕事をする人には共通して「3つの念」がある。「なさずんばやまず」という「執念」，これ以上ないく

らいの「真心」を込める「丹念」，そして人を思う思いやりなどの「情念」である。そして，すべからずこの人たちには，不思議と人を引き付ける大きな魅力がある。』このことは，どのような世界であっても通じるものであろう。生徒に対して，今の自分は人としてどうなのかと自分を内観する心を持たせ，「教育は心」と信念をもって，「熱意」と「誠意」，そして「創意」ある人間に育てることを目指して様々な生徒と向き合い生徒指導に取り組んできた。

　昨今の激しい社会の変化に伴い，学校教育においても変革の波が急激に押し寄せている。先に挙げた教育のICT化をはじめ「学力観」や「生徒指導」にもそれは表されている。しかし，時代が平成から令和になっても，学校には「旧態依然」「前例踏襲」の指導体制が少なからず残っているように感じる。少し前に大阪府教育庁が府立高校に「校則についての見直しアンケート」を実施した。筆者は，20年も前に勤務していた学校で「セーターの色指定」という校則について，なぜだめなのか「生徒を納得させる理由」がないということで廃止した経験がある。20年たった今でもそのような校則があり，「校則だから」と生徒を指導している学校があることに驚きを覚えた。形やうわべにとらわれた指導や，ルールだから，校則だからという画一的な生徒指導では決して児童生徒は心を開くことはなく，心の通った教育などできようはずもない。なおのこと児童生徒に「豊かな心」，「豊かな人間性」が決して育つものではない。

　現在も教員養成に関わることができる環境にある中，学生たちには人づくり教育にとって，児童生徒に形式的，一面的に向き合うのではなく，子どもたちの背後まで洞察することの大切さを伝えている。子どもたちの可能性を信じること，心に響く教育を実践すること，このことが子どもたちの輝きを引き出すものと信じている。

3　時代を反映する若者意識

　現在の学校における生徒指導上の問題は，多岐にわたり多様化，複雑化の一途をたどっている。従来から顕在している遅刻や早退，服装や頭髪などの生活

の問題，授業中の態度など学びに向かう姿勢の問題，人間関係にかかる心理的葛藤の問題など日常的な生徒指導上の問題はもとより低年齢化している暴力行為，ますます見えにくくなっているいじめ問題なども依然として深刻で厳しい状況にある。

　また，インターネット世代の子どもたちが，情報モラルや規範意識を持ち，どのように生きていくのかという問題は深刻で大きな課題である。ネット上で様々なものが買える便利な社会にあって，子どもたちが薬物乱用に染まっていったり，フェイスブックなどの投稿が社会問題になったり，安易な考えによる性の逸脱行為や出会い系サイトに絡む事件なども顕在化している。

　そして，このような高度情報化による急激な社会の変化は，人間関係形成力にかかる新たな問題も浮き彫りになり始めた。スマートフォンの所有率が中学生世代では，65.0％，高校生世代では93.1％となっている（内閣府，2020）現実があり，「高校生の生活と意識に関する調査」（国立青少年教育振興機構，2018）によれば，「インターネットの利用時間が長い者ほど，学校の先生や保護者との信頼関係が弱く，『つらい時，助けてくれる人がいる』と思う者が少ないなど，他者との人間関係の希薄さをうかがわせる傾向がみられる。」と報告されている。また，子どもたちが将来なりたいと夢に描く職業に「ユーチューバー」が上位にくるなど人生観にも大きな変化が現れている。このように，学校における生徒指導の問題は社会の変化とともに大きく変化してきており，学校における生徒指導を考えていくには，子どもたちを取り巻く社会的環境要因を抜きにして考えていくことはできない。

4　自信を育み，未来に挑む気概を育てる生徒指導

　図1は，令和元年に内閣府によって調査され翌年に発表された「子ども・若者の意識に関する調査」の結果である。「自分に満足しているか」という質問に対して「あてはまらない」すなわち「満足していない」と答えた中学生は9.3％であったが，高校の時期には25.8％と増加している（内閣府，2020）。

　また，平成26年に厚生労働省子ども家庭局が「子どもが現在持っている不安や悩み」に関して調査したが，現在何らかの不安や悩みを抱えている児童は，56.0％（前回79.6％）となっており，「不安や悩みがある」と答えた者の不安や悩みの内容をみると，「自分の勉強や進路について」が77.7％（前回63.2％）と最も多く，次いで「自分の性格や癖について」36.2％（前回31.7％），「自分の顔や体形について」33.0％（前回32.4％）となっている。また，学年別にみると，学年が上がるにつれて不安や悩みを持つ割合が多くなっているが，特に「自分の勉強や進路について」は，「中学生」では85.5％，「高校生等」では84.7％と最も多くなっている。将来の進路選択，進路決定というターニングポイントが目前になり不安が大きくなるのではないかと推測できる。

　生徒指導と学習指導は，ややもすればそれぞれが別個のものと捉えられていることが見受けられる。平成30年3月に告示された新学習指導要領前文には「一人ひとりの生徒が，自分の良さや可能性を認識するとともに，あらゆる他者を価値のある存在として尊重し，多様な人々と協働しながら様々な社会的変化を乗り越え，豊かな人生を切り開き，持続可能な社会の作り手となることができるようにすることが求められる」とある。

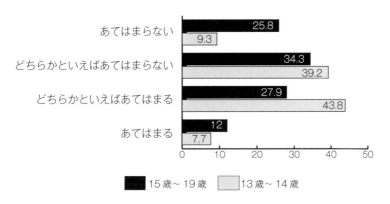

図1　今の自分に満足している（内閣府，2020）

　また，梶田叡一（2017）は「教師が子供の前に立つ時，最も必要とされるのは，一人ひとりの子どもの持つ独自固有の内面世界の洞察であること，そして，教育ということは，最終的には『学力保障』と『成長保障』がともに十分な形で実現するものでなくてはならない」と述べている。

　このように，生徒指導と学習指導はこのように目指すゴールは同じところであり，本来的に分けることなく，両者を一体的に取り組むべきものなのである。今般の学習指導要領の改訂においては，前回の改訂で示された「生きる力」の育成が引き続いて柱に据えられている。そして「生きる力」の育成を目指し，PDCAサイクルにのっとったカリキュラムマネジメントや各学校において「主体的・対話的で深い学び」を実現するための授業改善が求められている。

　児童生徒にとって，学校という場所は「わかることが楽しい」，「できることが楽しい」，言うなれば「学ぶことは楽しい」というような場であるべきだ。授業中の多くの場面で，児童生徒の生き生きとした，溌溂とした表情が見られることが望まれる。

　そのために教師がやるべきことは，「児童生徒を内面深くまでしっかりと見抜く」ことだ。大きな目標を達成させるために小さな目標設定を手助けすること。そして，子どもを信じることだ。できたことを全力でほめてやることも大切なことであるが，失敗したときに「頑張ったからいいじゃないか」ではなく，なぜ失敗したのかを一緒に考えてやり，次はこうすればどうだろうかと的確なアドバイスを提示してやることだ。そして，次へのチャレンジに向けて，そばで「見守っているよ」というメッセージを送りながら背中を押してやることで児童生徒は安心して前に進むことができる。このプロセスが児童生徒に勇気を与え，意気揚々と胸を張って前に進んでいくことができるのではないか。児童生徒の心に寄り添い，心の通った教育の営みが自分の「まだ見ぬ己」に期待し，未来に向かって果敢に挑んでいくエネルギーを生み出すことになる。そして，結果として児童生徒の成長を見届けることができる。ここに教育の営みの大きな魅力と醍醐味が存在する。

5 困難克服体験とレジリエンス力の育成

　2006年に経済産業省が発表した「社会人基礎力」は「アクション」「シンキング」「チームワーク」の3つの能力と12の能力要素を定義した（経済産業省，2006）。しかし，「人生100年時代」ならではの切り口・視点が必要となり，平成29年度に開催された「我が国産業における人材力強化に向けた研究会」において，これまで以上に長くなるライフステージの各段階で活躍し続けるために求められる力を「人生100年時代の社会人基礎力」と新たに定義された。それらの能力を発揮するにあたって，自己を認識してリフレクションしながら，目的，学び，統合のバランスを図ることが必要と位置づけられている（経済産業省，2018）。

　その中で「一歩前に踏み出し，失敗しても粘り強く取り組む力」（アクション）に大きな課題があることが先に述べた「子供・若者の意識に関する調査」（内閣府，2020）の調査結果にうかがうことができる。また，「無難な選択」「安全志向」を「善」とする若者が増加しているなどの現実も教育現場で目にすることが多くなってきた。いわゆる「野性味あふれるエネルギッシュな若者」が少なくなってきているのではないか。図2にあるように，周りの目を気にして自己主張せずに，様々な場面で失敗しない選択をするという風潮が学校現場においても顕在している。特に，進路決定にあたり，指定校推薦に流れ最後の最後まで頑張りぬく高校生が少なくなってきた点において，顕著に現れているようだ。

　筆者は，平成25年から明治43年設立という100年以上の歴史と伝統を持つ大阪府有数の進学校である高校の校長を4年間経験させていただいた。校訓を「真・善・美」と定め，明るくのびのびと豊かな人間力を育む学校として「人としての在り方」を大切にした教育活動を実践する学校である。入学時には90％以上の生徒が部活動に参加し，それでいて卒業時には80名程度が国公立大学に進学するという文武両道の王道を突き進む学校でもあった。大多数の生徒は大学進学を目指し，学習に熱心に取り組んでいる。また，部活動において

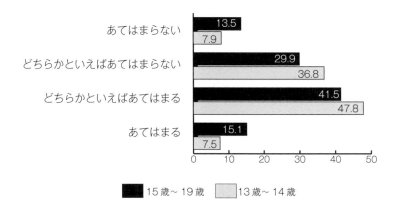

図2　自分らしさを強調するより，他人と同じことをしていると安心だ
（内閣府，2020）

も近畿大会や全国大会に出場する生徒も存在する。特筆すべきは，学園祭の素
晴らしいパフォーマンスである。そこには純然たる青春が存在し，生徒が主体
的に活動し，人と人のつながりを感じながら命を燃やして生きているという実
感を生徒自身が持っている。しかし，上記にあるような「無難な選択」「安全
志向」の生徒たちを目の当たりにして寂しさ，物足りなさを感じることもあっ
た。挑むことなく困難から逃げてしまう。追い込まれるとすぐに心が折れてし
まう。また，いわゆる不登校生徒が少なからず在籍し，保健室や相談室に不安
や悩み，不調を訴える生徒も年々増加傾向にあるという現実もあった。「かく
あらねばならない」という自己の理想像と現実の自分とのギャップに心を痛め，
悩める高校生に少しでも青竹のようなしなやかさと土壇場で踏ん張る力を身に
つけさせたいと，「逆境に負けない力〜心の回復力（レジリエンス）」を育てる
ことに取り組んだ。当時まだ聞きなれない「レジリエンス教育」ではあったが，「鍛
える」と「見守る」を教育方針に掲げ，生徒指導と教育相談の一体化を目指した。
レジリエンス教育を日常的に浸透させることで，一人ひとりの「逆境に負けな
い心」を育み，失敗することを恐れ尻込みする人間より，失敗から学び，失敗

から成長する人間を育てていきたいと考え学校全体で取り組んだ。

　4年間の成果として，以下のようなことが見えてきた。

　一人一人の教員がポジティブメッセージを発信し，生徒個々の内面深くに関わったことが生徒の前向きに頑張る姿勢を引き出した。同時に，自己の存在そのものがかけがえのないものであり，つらいこと，悲しいことも人生の一つであり，「生きることは素晴らしいこと」というメッセージを送り続けたことが生徒に心地よい安心感を与えることにつながった。

　このように，生徒にとって「安心できる学校」づくりに組織的に取り組んだことが，明るく，自由闊達な学校文化を育て，互いに支え合うという集団を作ることができた。このことが生徒一人ひとりの頑張りを引き出すことに繋がり，自己実現を叶えるという最高の結果に結びついたと考える。

おわりに

　教育の本質は一人一人が持って生まれてきた才能を見出し，その可能性を引き出してやるところにある。今後ますます先行きが不透明でなおかつ不安定な社会が予測される中で，日本の国を元気にすることができるのは教育の力をおいて他にない。今，コロナ禍にあって新たな生活様式の獲得が言われ，学校においてもICTを活用した遠隔授業など新たな教育スタイルが必要とされている。確かに場面によっては大いに活用すべきである。しかしながら，人を磨くことができるのは人である。教師と児童生徒が，また児童生徒同士が直に温もりを感じながら交わってこそ身につけることができる力が人間力である。これこそが人間教育の神髄ではないか。

　教育において「できる人」を育てることは勿論のこと大切なことである。しかしながら私は，「できた人」を育てることが教育にとってより重要なことだと考えている。「真・善・美」という言葉であらわされる品格があり魅力的な人間を育てること，まさしくここに生徒指導の本質が存在しており，これから先の教育において重要なことではないだろうか。

　この先，日本中の先生方が子どもたちに明るく元気にのびのびと学校生活を

楽しませ,生きることのすばらしさを実感させていただきたい。「千の命に千の華」という言葉があるが,一人ひとりの子どもたちが授かった命を輝かせ唯一無二の花を咲かすことができる学校が多くなることを心から願ってやまない。

引用・参考文献

梶田叡一『教師力の再興―使命感と指導力を』文溪堂,2017

閣議決定「第3期教育振興基本計画」2018

経済産業省「社会人基礎力」2006

経済産業省「我が国産業における人材力強化に向けた研究会」報告書,2018

国立教育政策研究所「生徒指導リーフ平成24年2月発行分」2012

国立青少年教育振興機構「高校生の生活と意識に関する調査」2018

厚生労働省子ども家庭局「平成26年度全国家庭児童調査結果の概要」

文部科学省「生徒指導提要」2010

文部科学省「社会に開かれた教育課程」

　　https://www.mext.go.jp/a_menu/shotou/new-cs/__icsFiles/afieldfile/2020/01/28/20200128_mxt_

　　kouhou02_03.pdf

内閣府「子供・若者の意識に関する調査」2020

中央教育審議会「幼稚園,小学校,中学校,高等学校及び特別支援学校の学習指導要領等の改善及び

　　必要な方策等について(答申)」(中教審第197号)2016

特別寄稿

歴史教育の課題および展望

高校新設科目「歴史総合」を手がかりとして

辻　寿一○つじ　じゅいち

1　問題の所在

　2018年3月高等学校学習指導要領（以下，「要領」と記す）の改正が公示され，同年7月にはその解説（以下，「解説」と記す）が，教科ごとに公開された。

　グローバル社会に伴い，AI（人工知能），ビッグデータ（膨大なデータ），IoT（モノのインターネット）などの先端技術を活用しながら生活する「知識基盤社会」が到来する。その社会では他者と協働し，多様な価値を共有し，情報を再構成することが求められ，それに対応する人材の育成が目標となる。「要領」に記載されているのは，その「知識基盤社会」が求めている人間像であり，「何を知っているか」（コンテンツ・ベース）から「何ができるか」（コンピテンシー・ベース）へのパラダイム転換が求められている（石井，2015）。

　「要領」を受けて，地理歴史科では「地理A」が「地理総合」，「世界史A」・「日本史A」が「歴史総合」，「地理B」が「地理探究」，「世界史B」が「世界史探究」，「日

本史B」が「日本史探究」に，それぞれ名称および学習内容が改変され，2022年には実施される予定である。その中で新設の「歴史総合」がどのような科目になるのか，注目されている。「歴史総合」は，明治時代の「学制」発布以来，「世界史」と「日本史」とが融合する科目はなかったが，今回それを具体化し，共通必履修科目として設置された。また扱う範囲を近現代史に限定し，世界と日本を「相互的な視野から捉え」る科目となっている。

　「歴史総合」の評価について，歴史学および歴史教育関係者が学会誌，一般誌，民間研究会の機関誌などでそれぞれ見解を表明しているが，管見の限り，その見解は二分している（河合，2018）。一方で「期待や可能性」を含め一定の評価をしている立場（歴史学・歴史教育学者に多い）であり，他方では「危惧や懸念」を表明する否定的な立場（高校の教員に多い）である。

　そこで本論文では，まず「歴史総合」の概要について⑴目標，⑵内容の要点を指摘し，次に「歴史総合」の概要を受けて，授業実践の私案を提示する。そして「歴史総合」について，現時点では教科書・資料集が未刊のため，断定することは慎まねばならないが，「解説」から推測する限り，課題は残されていると考える。そこで「歴史総合」の課題を記すことにする。

2　「歴史総合」の概要

（1）目標…………………………………………………………………………

　「解説」において，「歴史総合」は「近現代の歴史の変化に関わる諸事象について，世界とその中における日本を広く相互的な視野から捉え，資料を活用しながら歴史の学び方を習得し，現代的な諸課題の形成に関わる近現代の歴史を考察，構想する科目」である，としている。

　「歴史総合」の目標は柱書に示されており，「解説」ではそれぞれの語句の注釈をつけている。ここでの要点は3点である。

　①「社会的事象の歴史的な見方・考え方」とは，歴史分野では初出であり，「解説」によると「見方・考え方」を「視点や方法」のことと整理された。「視

点」は時系列・推移・比較・事象相互のつながりのことで，「方法」は「比較・関連させる」ことである。具体的には「比較する」＝「くらべる力」は「さまざまなレベルで多様であることを認識すること」により，ものごとを相対化し，他者理解ができるようになることであり，「関連させる」＝「つなぐ力」は「なぜか」を問い，「因果関係をもとに史実と史実をつなぐ作業」をし，その結果，「生徒に思考する機会をもたらし，そこから興味関心がうまれる」とする（小田中，2007）。宇都宮はこれを「歴史学習の原理」としている（宇都宮，2019）。

　②「課題を追究したり解決したりする活動」とは，「解説」では「主体的・対話的で深い学び」（いわゆる「アクティブ・ラーニング」）による授業改善を図ることと整理された。社会科教育における研究では，問いと知識の構造化がなされ，「なぜ」と問うことにより，より説明力の大きい，転移する知識を科学的に探究し，それに基づいて合理的な価値的判断をすることが社会科授業の中核とされてきた。「なぜ」は結果から原因の説明を求める問いであり，その因果関係を考えることにより，学習者自らが思考するきっかけとなる。「原因を探究する作業は，推理小説を読むことにも似ておもしろ」く，興味関心を喚起することができる（小田中，2017）。また「問いは比較からしか生まれない」と示唆に富む指摘もある（鹿島，2003）。そして「知識・技能が実生活で生かされている場面や，その領域の専門家が知を探究する過程を追体験し，「教科の本質」をともに深め合う「教科する授業（do a subject）」で「真正の学び」を実践することを求めている（石井，2017）。

　③「公民としての資質・能力を育成」とは，「生きる力」を具体化したものであり，具体的には，以下の㋐〜㋒となる。㋐「知識・技能」の習得（何を理解しているか，何ができるか），㋑「思考力・判断力・表現力等」の育成（理解していること・できることをどのように使うか），㋒「学びに向かう力・人間性等」の涵養（どのように社会・世界と関わり，よりよい人生を送るか）。㋐〜㋒はつまり「知識」・「スキル」・「情意」であり，これを一体のものとして育成するものとしている（石井，2015）。

（2）内容…………………………………………………………………………

　総論として，大項目ではＡ「歴史の扉」，Ｂ「近代化と私たち」，Ｃ「国際秩序の変化や大衆化と私たち」，Ｄ「グローバル化と私たち」の４つとなっている。また学習順序もＡ→Ｂ→Ｃ→Ｄの順で取り扱うものと「要領」に指示が付いている。中項目では①導入部，②・③展開部，④終結部の４つとなっており，Ｂ～Ｄの中項目は，すべて同じ構成となっている。

　各論として，大項目について。Ａ「歴史の扉」では，「歴史を学ぶ意義」「歴史の学び方」を考察する。その中の「歴史の学び方」について，歴史学者の渡辺は，まず自らの関心に基づき過去に対する問いを立て，次に関連する史料を通じて諸事実を認識し，そしてその諸事実を組み合わせ，その時代における意味を考えることにより歴史の部分像を描き，結論として最初の問いに答えるような，より全体的な歴史像を提示する，としている（渡辺，2020）。歴史教育学者のワインバーグは「根拠・出所を問うこと（sourcing）」および「その時代の文脈を踏まえた考察をすること(contextualization)」を重要視している（ワインバーグ，2017）。「歴史総合」は，「歴史の学び方」を学び，「現代的な諸課題の形成に関わる近現代の歴史」について「考察・構想する」科目であることに留意したい。

　Ｂ，Ｃ，Ｄでは，①近現代史が対象で，「歴史の大きな変化」の時期として「近代化」「大衆化」「グローバル化」に着目すること。②「人々の生活や社会の在り方が変化したこと」を「自分との関わりの中で」考察すること。学習者（私たち）が主体的に，「現代的な諸課題につながる」歴史的な観点から，課題の現在的な切実性に基づいた身近な問いを立て，「真正の学び」になることを求めている（原田，2018）。

　中項目について。「解説」によれば，①導入部では「近代化（大衆化・グローバル化）への問い」となっており，中学校までの学習を踏まえ，学習者に「問いを表現」させる。この「問いを表現」させることは初出で，今までの「要領」にはない。②・③展開部では，学習者の「問い」を考慮し，教員が主題を設定する，つまり問いを立てることになる。④終結部では，「現代的な諸課題につ

ながる歴史的な観点から」，学習者が5つの観点（「自由・制限」「平等・格差」「開発・保全」「統合・分化」「対立・協調」）を活用して「主題を設定」することが求められる。

「問いを表現する」授業の実践事例は現在まで報告は少ない。手がかりとなる例としては，学習者が「問い」をつくるロスステインとサンタナによる「質問づくり」の授業があり，ここでは，教師は「発問」をせず「質問の焦点」（生徒が質問をつくり出すためのきっかけとなるもの）を提示し，生徒はそれをもとにグループでの討論を経て，「問い」を創り出す（ロスステイン&サンタナ，2015）。

以上，⑴目標，⑵内容の検討を踏まえた上で，本論では，大項目「B　近代化と私たち⑵結び付く世界と日本の開国」を教材化することとする。

3　授業実践の私案──単元　「結び付く世界と日本の開国」

（1）理解目標の命題化……………………………………………………………

「要領」には項目が羅列してあるが，内容の論理が明示されていないので，改めて目標を設定した。

①18〜19世紀のアジアの経済と社会

・18世紀のアジアでは，国家による管理貿易が行われている一方，アジア各地域が相互に「アジア間貿易」で発展していた。

・19世紀，「西洋の衝撃」によりアジア世界はイギリス自由貿易体制に組み込まれ，変容した。その一方で，同時期に「アジア間競争」が顕在化した。

②「工業化」と「世界市場の形成」

・18世紀，イギリスがアジアからの「世界商品」を輸入代替し，国産化することにより，工業化がはじまった。

・国際分業体制（＝近代世界システム）の成立により，世界市場が形成・拡大された。

（2）学習課題の設定……………………………………………………………

　(1)の理解目標に関わって,「私たち」(学習者) を取り巻く状況をみると, ヒト・モノ・カネ・情報が国境を越えて自由に移動・拡大するグローバル化した世界となっている。その結果, 経済的格差の拡大, 伝統文化の喪失, 環境破壊などがもたらされ, その解決が模索されている。そのような情勢の中, 経済的発展が著しいのが中国・インドなどアジア諸国である。中国はグローバル戦略としてシルクロード経済圏構想（一帯一路）を打ち出し, 中国主導によるアジア・アフリカ・ヨーロッパを結ぶルートを開発中である。インドはICT（情報通信技術）産業でアメリカとともにこの分野を牽引している。日本も戦後, 高度経済成長を遂げ, 現在に至るまで先進諸国の一員としての地位を保持している。アジア諸地域の経済的発展の淵源はいつごろなのか。時代の文脈を踏まえた考察をし, 現代的諸課題の観点から振り返ることを,「歴史総合」は求めている。

　川勝は, 日本の工業化を「アジア地域との共通性に着目し, 近世以降のアジア地域のダイナミズムの中でとらえかえす」理論を提示した。人間は社会生活を営むためにモノを使う。このモノの総体を「物産複合」といい, これが土台となり, その上に暮らしの立て方＝文化がある。未知のモノ（例えば舶来品）がもたらされると, 既存のモノ（例えば土着品）とで文化摩擦を引き起こし,「生活革命」が起こる。これを「物産複合」理論とする（川勝, 1991）。18世紀以前, 日本人とヨーロッパ人は同じ時空を「東インド」で共有していた。「東インド」で流通していた「物産」(たとえば木綿, 砂糖, 茶など) を, 日本は中国経由で, イギリスは直接インドから「物産」を運び, それを使用した。木綿の流入により, ヨーロッパおよび日本では毛・麻からの転換を図り, しばらくすると輸入せずに国産化＝自給自足が行われ, 生活志向の経済社会が出現した。ヨーロッパでは「大西洋三角貿易」による経済圏の確立した時期, 日本では「鎖国」期に国内ですべて自給した（斯波・川勝・永積・速水, 2011）。山本は, 川勝理論を補足した角山の理論を合わせて, 日本の経済動態を３期に分類した（浜下・川勝, 1991）。それは①アジア物産の輸入の段階, ②アジア物産の輸入代替の段階, ③アジア型商品の輸出の段階（1880年代以降）となる。③の時期,「西洋の衝撃」

によりアジアにもたらされたものは洋式でハイカラな日常生活グッズであった（たとえばマッチ，石鹸，タオル，歯ブラシなど）。アジアのニーズに応じ，進出したのが日本製品である。それは洋式の模倣品で，品質粗悪なものであったが，安価だったので需要が高かった。これを契機に「工業化を軸とした国際分業体制」が確立した。

そこで，木綿と洋式日用雑貨を教材化すれば，工業化することにより社会が変容した，多様な国際関係のあり方を問うことができる。これは「現代的な諸課題の形成」へつなげることができ，意義のあることと考える。木綿は生徒にとって身近なモノであり，ファッションとの関連もあり，興味・関心を引くことにもなろう。洋式日用雑貨は，現在の「100円ショップ」にある品物に相当する。安価ではあるが，魅力的なモノが陳列してある。そこで，中項目「(1)結び付く世界と日本の開国」を通した学習課題を，「開国前の日本と開国後の日本を比べて，それぞれ『世界の中の日本』，『アジアの中の日本』という視点からとらえると，どうなるか。」と設定し，①18〜19世紀のアジアの経済と社会（4時間）では木綿に，②「工業化」と「世界市場の形成」（4時間）では洋式日用雑貨に焦点を当てた単元構成を提示する。

（3）授業事例

①単元目標

　⑦知識及び技能

　さまざまな資料から，「開国前・後」に木綿および洋式日用雑貨の品物がどのように変化したのかを読み取り，アジア地域社会が変容し，「アジア間貿易」のあり方を説明できる。

　①思考力，判断力，表現力等

　木綿，マッチ，海底ケーブルといったモノにより，世界分業体制（近代世界システム）が確立したことを理解し，現代社会の諸課題（南北問題，SDGsなど）の解決に向けて構想したことを表現できる。

　⑦学びに向かう力，人間性等

　学習課題（問い）を追究し解決する活動およびグループでの学習を通して，周囲と協調・連携をとりながら，主体的・対話的な深い学びに取り組むことができる。

②単元指導計画の内容　　MQとは，Main Questionの略で「主要な問い」のこと。

【パート1】工業化による社会の変容

第1時　18世紀の日本の経済と社会

MQ　18世紀の日本は「鎖国」していたが，その実体はどうであったか。（アイヌ・琉球も含める）→ここでは日本の閉鎖性（鎖国）よりも地域間交易の連鎖性に着目する。

第2時　18世紀のアジアの経済と社会

MQ　18世紀前後の東アジア地域には多くの共通性が見出せる。それはどのようなところか。→ここではヨーロッパ勢力は「アジア間貿易」への参入にすぎなかったことに着目する。

第3時　19世紀日本の明治維新と世界のつながり

MQ　日本は「黒船来航」によりどのような対応をしたのか。
→ここでは黒船来航以降日本が自由貿易体制に組み込まれヨーロッパ物産が流入し，日本の綿工業は壊滅的となったことに着目する。

第4時　19世紀欧米諸国のアジア進出

MQ　19世紀欧米諸国がアジアに進出した際，アジア諸地域はどのように対応したのか。
→ここでは「アジア間競争」が激化し，日本は危機的状況から洋式日用雑貨の製造などを中心に経済を立て直していくことに着目する。

【パート2】世界分業体制による「世界市場の形成」

第5時　18世紀イギリスの海外貿易構造の転換

MQ　18世紀後半イギリスでは主にどのようなモノが輸出入されたのか。
→ここでは産業革命の前提として「商業革命」「エネルギー革命」「農業革命」が起こり，イギリスは海外貿易構造の転換を図ったことに着目する。

第6時　18世紀イギリスにおける産業革命の展開

MQ　なぜイギリスでは産業革命が綿工業から始まったのか。

→ここでは綿工業が輸入代替国産化により基幹産業となり，そこから動力・交通部門に派生して資本主義社会が形成されたことに着目する。

第7時　イギリスの「自由貿易帝国主義」

MQ　19世紀イギリスの人びとはなぜ紅茶に砂糖を入れるようになったのか。

→ここでは「生活革命」を契機に，アジア・アフリカ・ラテンアメリカ諸地域との関係に着目する。

第8時　19世紀の「輸送・情報革命」

MQ　19世紀イギリスはなぜ「覇権」（ヘゲモニー）を握ることができたのか。

→ここではイギリスが鉄道・蒸気船・海底電信ケーブルにより世界の一体化を完成させ，「世界市場」が形成・拡大していく過程に着目する。

【資料】（主な教材）

○石井寛治『日本の産業革命』講談社，2012

○高村直助『近代日本綿業と中国』東京大学出版会，2012

○河野健二・飯沼二郎編『世界資本主義の歴史構造』岩波書店，1970

○南塚信吾責任編集『情報がつなぐ世界史』ミネルヴァ書房，2018

③　評価方法

　「要領」では「育成すべき資質・能力」を3つの柱として整理した。この授業実践の評価は，⑶授業事例の①単元目標に即して，評価することとする。具体的には，㋐「知識・技能」は定期試験，㋑「思考力，判断力，表現力等」はワークシートの記述内容により点数化，㋒「学びに向かう力，人間性等」はルーブリック（評価規準の設定）を作成して評価する。

4　歴史総合の課題

（1）歴史教育における発想の転換が必要であること……………………

　これまでの歴史教育は，歴史学における最新の学問研究の成果に基づき学習内容を精選化し，学習者に対して系統的・体系的・網羅的に知識を獲得させる

ことを学習目標としていた。たとえば教師が「問い」をつくり，授業展開を考え，獲得する知識をワークシートに整理するように。しかし今回の「要領」では，歴史の全体像を教えることはない。資料を読み解き，歴史的思考を働かせて，主体的・対話的な深い学びにより，現代的な諸課題を構想・解決することが求められる。そこでは教師と学習者の学びとにズレが生じないように配慮しながら，単元を開発していくことになる。これは歴史の論理ではなく教育の論理に基づく学習である。従前の歴史教育のあり方を転換するものである。

（2）現職教員への負担は多大になる可能性があること……………………

　昨今の教育現場は問題が山積しており，教材研究に多くの時間を割くことは難しい状況である。このような状況下で新設科目の「歴史総合」を準備し，「カリキュラム・マネージメント」も検討しなければならない。ひとりでできることには限界がある。そのために，教職員を支援していく手立てを考えなければならないだろう。学会誌，一般誌，民間研究会の機関誌などをみれば事例を収集する手立てはある。またそれぞれの都道府県にある教育センターの研修会もタイムリーな企画を催していただきたい。

注

浜下武志・川勝平太編『アジア交易圏と日本工業化1500－1900』リブロポート，1991

原田智仁『中学校新学習指導要領　社会の授業づくり』明治図書出版，2018

石井英真『今求められる学力と学びとは』日本標準，2015

石井英真「資質・能力ベースのカリキュラム改革と教科教育の課題」『数学教育学研究』23（2）2017，181-182

斯波義信・川勝平太・永積洋子・速水融「『鎖国』を見直す」速水融編『歴史のなかの江戸時代』藤原書店，2011

鹿島茂『勝つための論文の書き方』文春新書，2003

川勝平太『日本文明と近代西洋』日本放送出版協会，1991

河合美喜夫「高校『社会科』新科目をめぐる論点」『歴史地理教育』歴史教育者協議会，2018

小田中直樹『世界史の教室から』山川出版社，2007

ロスステイン，D. サンタナ，L. 著，吉田新一郎訳『たった一つを変えるだけ』新評論，2015宇都宮明子「『見方・考え方』の視点からの歴史授業デザイン」原田智仁編著『高校社会「歴史総合」 の授業を創る』明治図書出版，2019

渡辺美季「過去の痕跡をどうとらえるのか」東京大学教養学部歴史学部会編『歴史学の思考法』岩波書店，2020

ワインバーグ，S. 著，渡部竜也監訳『歴史的思考』春風社，2017

特別寄稿

●

メディア環境の変容と
ICT社会の「陰」

●

宮坂　政宏○みやさか　まさひろ

はじめに

　21世紀に入り情報化の波は我々の社会，生活を大きく変えた。インターネットやSNSは，人と人・社会との関わり，人と情報との関わりを大きく変えている。今回の論考では，急速なSNSの普及・メディアの変貌の実態と，子どもたちへの新たな脅威，政策レベルでの対応，学校で何が問われるのかについて論考したい。

1　メディア基盤の転換

　本論に入る前に20世紀のマスコミュニケーションをリードした新聞やラジオ，テレビといったマスメディアの歴史について簡単に振り返りたい。
　人が社会と関わるにあたって手軽で有効なツールはマスメディアである。
　20世紀マスメディアの中核を担っていたのは新聞やTVだった。
　新聞は古くから発刊されており，ローマ帝国時代にも手書きの新聞はあった。活版印刷技術を背景として今日的な新聞が発刊されるようになった。例え

ば，1605年ストラスブールでヨハン・カロルスが週刊新聞，1650年には日刊紙「ライプツィガー・ツァイトゥイング（ドイツ語）」が創刊した。日本でも戦国時代には瓦版が発行されていたが，近代の新聞社は「毎日新聞」（1872年東京日日新聞として），「讀賣新聞」（1874年），「日本経済新聞社」（1876年），「朝日新聞」（1879年），といずれも創設から100年以上の伝統を誇っている。

　ラジオも創設時には大きな影響力を持った。初のラジオ局は，ウェスティングハウス電機会社が経営するKDKA局が1920年に開局した。日本では遅れること4年，1924年に社団法人東京放送局（JOAK）が設立され，翌1925年開局した。創設当時のラジオの影響力は強く，ナチスも盛んに利用したことで知られる。影響力の大きさは以下のような信じ難いエピソードからもうかがえる。

　1938年10月30日の米国CBSラジオでウェールズ（Wells, H. G.）原作の『宇宙戦争』をラジオ用脚色で放送したところ，リスナーは火星人が攻めてきたと勘違いし「ラジオリスナーが，戦争ドラマを実際の話と受け止めてパニックとなった。」「何千人ものラジオリスナーが集団ヒステリー状態に陥った。」（The New York Times, 1938）という大パニックを引き起こした。後に，心理学者のキャントリルはこの事件について著書『火星からの侵入』で「少なくとも600万人がこの報道を聞き，そのなかで少なくとも百万人がおびえたり，不安に陥ったりしていた。」（キャントリル，1940）とふりかえっている。

　ラジオ開局のすぐあとを追うように，テレビも登場した。1929年には英国放送協会（BBC）がテレビの実験放送を開始し，1932年世界初の定期試験放送を開始した。このころ米国ではラスウェル，ドーブ，オルポート，キャントリル，ラザースフェルドなど名だたる学者がラジオ等のメディアの影響力に関する心理学的効果研究（『火星からの侵入』もそのひとつ）を行ったことからも，この新しいメディアの登場の衝撃は大きかったといえる。

2　インターネットメディアの急速な広がり

　ところが20世紀末〜21世紀にはいるとメディアの様相は一変する。例えば，

新聞の発行部数を見ると，2000年は約5,370万部（うち日刊一般紙：約4,740万部）
だったものが，2019年度には3,780万部（うち日刊一般紙：約3,490万部）と1,500
万部以上も減ってしまった（日本新聞協会，2019）。この背景には，インターネッ
トメディアの普及，特に若年層の「新聞離れ」がある。

　メディアとの接触に関して，「週に2〜3日以上ニュースと接触」するのは
新聞55.7％，NHKテレビ59.3％，民放テレビ84.1％，に対しインターネットの
ニュースは61.1％であり，今や新聞，NHKテレビを超えている（新聞通信調査会，
2019）。SNSに限っても「通信利用動向調査」（総務省，2018）によれば利用
目的として「知りたいことについて情報を探すため」が57.4％に上り前年比7.2
ポイントも上昇している。

　日本財団が2018年に行った「18歳意識調査」では17〜19歳男女のうち，
52.5％が新聞を読んでいない。さらに，2020年の同調査ではSNSに特化した
調査を行い，「ふだんSNSを利用」する者は全体の91.6％に上る。SNS使用経
験者の75.2％が「SNSは生活に必要不可欠」，44.1％が「SNSに依存」と回答
しており，若者の生活への浸透度合いの深さが理解できる。ちなみに17〜19
歳が使用しているSNSは「LINE」「Twitter」「YouTube」「Instagram」に集
中している。

　年齢の低下とともに新聞の購読者数が減少することは「メディア利用に関す
る調査」（日本リサーチセンター，2016）でも明らかになっている。この調査
では「ニュース」「スポーツ・芸能」「娯楽」「政治・選挙」「経済・ビジネス」「健
康医療」「料理・くらし」など様々な情報をどのメディアで利用しているか質問。
いずれかの情報を得ているユーザーの比率が，TV＝95％，新聞＝69％，に対し，
インターネット・WEBサイトが56％，SNSが41％であった。これを年代別に
見るとTVは各世代とも9割を超す利用率であったが，新聞は50歳代以上は
8割超だったのに対し，30〜39歳では59％，15〜29歳での利用率は43％と半
数を割りこんだ。逆に，インターネット・WEBサイトは15〜29歳，30〜39歳
ともに8割を超し，60〜69歳は31％，70〜79歳では19％にとどまった。また，
SNSの利用状況を見ると15〜29歳は82％，30〜39歳以上は64％であるのに対

し，50〜59歳は41%，60歳以上は2割を切り，年齢層で大きな差がある。同様に2019年に実施された「世界価値観調査」（同志社大学・電通総研，2020）では，18〜29歳の61%，30代の46%が「毎日」SNSに接触しているが，40〜59歳では3割弱，60〜69歳では13%と極端に使用頻度が下がる。

　SNSについて振り返ると，20世紀末インターネットの普及とともに200以上のSNSが誕生した。初期のSNS，画像共有・動画共有サイトはYouTube，Facebook（Instagram），mixi，フォト蔵，LINE，Dropbox，Googleフォト，Twitterなどで，現在も利用されているものが多い。このように，SNSの歴史は浅いにもかかわらず，急速にその活用人口，発信力を飛躍させてきた。

　いくつものSNSが登場し始めると，個々人の発信の影響力，拡散力が大きな力を持つようになる。これは，FacebookやTwitterなどのSNSがこれまでの個人間のコミュニケーションツールにとどまらず，従来のマスメディア以上に情報の発信力，拡散する特質を持っていることによる。内容や精度はともかく機能だけ見ても従来のマスメディアと遜色ない働きをするようになっている。例えばマスコミ以上に社会を大きく変える立役者となった例として「アラブの春」（2011年）があげられる。わが国でも「＃保育園落ちた日本死ね‼︎」（2016年）や，「＃検察庁法改正案に抗議します」Twitterが国政すら動かす力を見せた。柴咲コウさんの種苗法改正に関するTwitterや，亡くなった女子プロレスラーへの「誹謗中傷」が大きな社会問題化したのも記憶に新しい。

3　メディアとしては課題が多いSNS

　目覚ましくユーザーが増加しているSNSだが，誹謗中傷の例の通り，課題も多い。匿名性や安易に発信できることから，誤った情報や誹謗中傷，ヘイトスピーチ等の書き込みと拡散，さらには犯罪行為も増加している。情報としての倫理・信頼性にも課題がある。この辺りは新聞やTV（特にNHKニュース）に対する信頼度が高いのとは逆だ。つまり，SNSはメディアとしての爆発的な拡散力は持っているが倫理・信頼性，という点では新聞やテレビニュース

には及ばない。新聞通信調査会（2019）のデータでは，NHKニュースに対し68.9％，新聞については68.5％が信頼している。しかしインターネットに対しては48.6％にとどまり，大きな開きがある。日本財団「18歳意識調査」(2018)でも信頼しているメディアは「テレビ番組」(50.3％)，「新聞」(37.3％) であり，SNSはわずか10.6％にとどまる。SNSを常用する若年層の信頼度も低いのだ。

インターネットに関してはメディアとしての信頼度が低いのと同時に，ユーザーの警戒心も高い。総務省「令和元年通信利用動向調査」によれば「不安を感じる」34.5％「どちらかといえば不安を感じる」40.5％と75.0％が不安を感じており，前年比，4.3ポイント上昇している。年齢別に見ると20代以上はいずれも3分の2以上が不安を感じており，危機意識が強い。

実際サイバー犯罪は増加している。警察庁「令和元年におけるサイバー空間をめぐる脅威の情勢等について」(2020) によれば，サイバー犯罪の検挙件数は全体で9,519件であり，前年比5.3％，過去5年間で17.6％もの増加となっている。過去1年間にサイバー犯罪の被害に遭ったと回答した人の割合は実に13.7％に上った。

また，子どもたちの被害も急速に増えている。警察庁生活安全局少年課の「平成30年におけるSNSに起因する被害児童の現状と対策」(2019) によれば，同年上半期にSNSによる被害にあった児童は1,811人，このうち青少年保護育成条例違反が749人，児童ポルノ545人，児童買春399人，学校種では高校生が991人，中学生が624人であり，高校生は平成20年が363人，中学生も同年331人であり，急速に増加している。被害を受けたSNSとしては，Twitterが718人，次いで「ひま部」(学生限定サイトで会員800万人の巨大サイト。2019年12月以降サービス停止) が214人である。

犯罪を水面に出る氷山の一角とすれば，ネットいじめ等見えにくい悪質行為もある。文部科学省（2020）が把握した「パソコンや携帯電話等で，ひぼう・中傷や嫌なことをされた」児童生徒は17,924（前年16,334）件に上った（前年比9.7％増）。内訳は，小学校5,608（前年4,606）件，中学校8,629（前年8,128）件，高校3,437（前年3,387）件，特別支援学校250（前年213）件ですべての校種で

増加している。よく言われるように，いじめは暴力や器物損壊，不登校，など
に比べて見えにくい。実際にはこの何倍もの子どもたちが嫌な思いをしたり，
傷ついたりしているはずだ。実際，日本財団の「18歳意識調査」（2020）では
「SNSを通して，誹謗中傷を受けた」ことがある者は12％に上った。逆に「根
拠の希薄な批判や悪口を書いた」者は5.2％，「真偽や根拠が不明な批判，誹謗
中傷発言をシェアやリツイートした経験がある」者は5.1％いた。

4 「誹謗中傷」など心を傷つける事象への総務省の政策対応

　サイバー犯罪全般についての論考は別稿に譲るとして，子どもたちが17,000
件程度もの被害を受けた誹謗中傷など心を傷つける事象についての対応策につ
いて考えてみたい。まずは所轄する総務省の対応についてである。
　総務省の「プラットフォームサービスに関する研究会」（座長：宍戸常寿 東
京大学大学院 法学政治学研究科 教授）は2020年8月に「インターネット上の
誹謗中傷への対応の在り方に関する緊急提言」を，また同月「発信者情報開示
の在り方に関する研究会」（座長：曽我部真裕 京都大学大学院 法学研究科 教
授）は「中間とりまとめ」を発表した。この緊急提言，中間とりまとめを踏ま
え，9月には，「インターネット上の誹謗中傷への対応に関する政策パッケージ」
を発表し以下の4点にわたる「政策パッケージ」をまとめた。
1.「インターネットトラブル事例集（2020年版）追補版」を作成，「e-ネット
　キャラバン（インターネットの安全，安心利用のため小・中・高校生と保護
　者への啓発を実施）の講座内容に誹謗中傷関連を追加」「SNS特設サイトを
　充実させ社会全体の情報モラルやICTリテラシーを高める取組を強化」など，
　ユーザーに対する情報モラル，ICTリテラシーの向上のための啓発活動
2.「法務省人権擁護機関からの削除依頼への事業者の円滑な対応を促進」「誹
　謗中傷対策の実施や有効性の検討」を事業者・事業者団体に働きかけ，「事
　業者による透明性・アカウンタビリティ確保」「国際的な制度枠組みや対応
　状況をみて国際的対話を深化」

3．「電話番号を開示対象に追加する省令改正」

4．「新たな裁判手続の創設や特定の通信ログの早期保全」「法改正を視野に開示対象となるログイン時情報を明確化」「要件該当性の判断に資する民間相談機関の設置やガイドラインの充実に関する民間の取組を支援」するなど発信者情報開示。「相談員の増員等，違法・有害情報相談センターの体制強化」「他の相談機関との連携対応」「ユーザーにとって分かりやすい相談窓口」案内。

　　今後は，「プラットフォームサービスの在り方に関する研究会（PF研）」において進捗状況等を検証する。

　これを受け，2020年9月にはインターネットトラブル事例集に，インターネット上の誹謗中傷に係る事例を盛り込んだ「追補版」を発行した。

　「追補版」では「SNS等での誹謗中傷による慰謝料請求」という実効的な対応策を記載している。この中で「民事上・刑事上（損害賠償請求，名誉毀損罪による懲役，侮辱罪による拘留等）の責任を問われる」「法律や利用規約等のルールやモラルを意識した，正しい利用を心がけましょう。」と訴え，あとを絶たないインモラルに対する警鐘を鳴らす。また，SNSによる誹謗中傷被害への対処方法として「ミュートやブロック等で距離を置く」「人権侵害情報の削除を依頼」「信頼できる機関に相談する」ことを求めている。

　誹謗中傷に関する相談窓口としては，総務省の「違法・有害情報相談センター」，社団法人セーファーインターネット協会が運営する「誹謗中傷ホットライン」，法務省の「インターネット人権相談」「SNS（LINE）による人権相談」，厚生労働省の「まもろうよ こころ」を挙げている。

5　地方，民間の対応策

　地方独自の試みも注目される。早くから取り組んだ例として，熊本県のネットいじめ等早期対応推進事業（いじめ匿名通報アプリ「Kids'Sign」＝現在「スクールサイン」の試験導入）がある。これは，SNS上でのメッセージアプリや非公開設定のソーシャルメディアなど外部から見えないネットいじめ等の連絡

を，当事者や第三者から匿名で受けつけ，その情報を学校・自治体（教育委員会）に届ける仕組みのサービスである。

群馬県「インターネット上の誹謗中傷等の被害者支援等に関する条例」のように法的に位置づけた自治体もある。

民間の動きとして2017年に設立された「青少年ネット利用環境整備協議会」でも児童被害防止対策が進められている。2020年4月には「SNS等に起因するトラブルなどを安定的かつ継続的に解決する態勢を構築」するため「一般社団法人ソーシャルメディア利用環境整備機構」が設立され，同年5月には「ソーシャルメディア上の名誉毀損や侮辱等を意図したコンテンツの投稿行為等に対する緊急声明」を出し，ソーシャルメディアの健全な利用のため，①他人への嫌がらせや個人に対する名誉毀損や侮辱等を意図したコンテンツの投稿などの行為を禁止し，利用規約に記載。禁止事項を啓発広報，②取組内容の公表，取組の有効性の検証など業界全体の透明性向上，③健全なソーシャルメディア利用に向けた啓発，④啓発コンテンツの掲載，⑤捜査機関への協力・プロバイダ責任制限法への対応，⑥政府・関係団体との連携——を訴えた。

6　文部科学省は「ネット上のいじめ問題」で早くから対応

文部科学省ではいじめや人権問題，の観点から早くから対応してきた。「子どもを守り育てる体制づくりのための有識者会議」（座長＝梶田叡一兵庫教育大学長＝当時）ではインターネット上でのいじめ等に対し，すでに2005年12月「『ネット上のいじめ問題』に対する喫緊の提案」として「ネット上のいじめ問題」に対し以下の呼びかけをしている。

・「利用の実態」に目を向けよう
・「情報モラル」についてしっかり学ぼう！
・「チェック体制」を強化しよう！
・「いじめられた子ども」を守り通そう

同会議は2006年6月には【第2次】まとめ「『ネット上のいじめ』から子ど

もたちを守るために——見直そう！ケータイ・ネットの利用のあり方を」を提言。4つの「喫緊の提案」をそれぞれ【理解促進・実態把握】【情報モラル教育の充実とルールの徹底】【未然防止・早期発見・早期対応】【いじめられた子ども等へのケア】と位置づけ具体的な対応を求めている。

　2006年7月1日には「教育振興基本計画」で「インターネット上の有害情報対策について検討を行う。」ことが盛り込まれ，同年7月25日「児童生徒が利用する携帯電話等をめぐる問題への取組の徹底について（通知）」が発出され，「『ネット上のいじめ』等に関する取組の徹底」「『ネット上のいじめ』や学校裏サイト等の実態等，児童生徒の携帯電話等の利用に関する最新の情報を入手して指導する」ことを求めた。同年11月には「ネット上のいじめ」に関する対応マニュアル・事例集（学校・教員向け）が発行され，掲示板等への誹謗・中傷等への対応として①「ネット上のいじめ」の発見，「ネットパトロール」，児童生徒・保護者等からの相談，②書き込み内容の確認，③掲示板等の管理者に削除依頼，④掲示板等のプロバイダに削除依頼，⑤削除依頼しても削除されない場合＝再依頼，警察や法務局・地方法務局に相談する，ことが提案された。

　2012年9月には，「学校ネットパトロールに関する取組事例・資料集（教育委員会等向け）」が発行され，児童生徒が「ネット上のいじめ」等に巻き込まれることを防止するため，「学校ネットパトロール」の実施体制づくりの推進，教員研修を充実するよう求められた。

　国立教育政策研究所では，文部科学省と歩調を合わせ，2009年6月からいじめに関する指導支援資料を発行している。以下，主な内容を記す。

　2009年版では，「インターネットや携帯電話を用いたいじめ」に関して「インターネットや携帯電話を用いたいじめを学校が発見したり，いわゆる『学校裏サイト』を削除したり」することを学校の力，被害に遭った子どもだけで行うことには限界があり，この「見えにくい」いじめに対し，「学校が媒介となったり，学校が被害者と一緒になって，専門家の力を借りることが大切です。また，子どもに『情報モラル教育』を行うこと，保護者に対する啓発を行うことは，専門機関や保護者とともに学校が行うべきことの一つです。」（生徒指導支

援資料1，2009年6月）と外部連携と情報モラル啓発の必要性を述べている。

2010年6月の同資料2「いじめを予防する」では，『いじめ追跡調査2007〜2009』での調査結果から，被害経験と男子の加害経験は2006年をピークに，女子の加害経験についても2007年をピークに，少し収まっていることを指摘している。その要因として「インターネットを経由したいじめ等の問題に対する認識が大人の間に広まった」結果，「携帯電話を持たせないようにする運動」が起きたり，「児童生徒に対して携帯電話の使い方に関する指導が徹底」されたり，「各地でネットパトロール等の取組が行われるようになった」ことを挙げている。

2011年6月発行の同資料3「いじめを減らす」では「児童生徒の『自己有用感』を高めるために中学校区全体で社会性育成」「『異年齢の交流活動』で社会性を育成することがいじめ防止につながる」ことを提起している。

2013年7月の同資料4「いじめと向き合う」では「いじめについて，正しく知り，正しく考え，正しく行動する」として急速に普及する携帯やスマホといった機器を用いたいじめについて，2010〜2012年度の追跡調査から「日本のいじめ概念では，机への落書き，授業中にメモを回す，といった行為の延長線上の（中略）『暴力を伴わないいじめ』の一種であることに変わりはありません。しかし，一度，流出したら取り返しがつきにくいだけに，なお一層，『未然防止』が求められます。起きないこと，起こさないことが大切」と述べている。そして「未然防止」のためには「単なる『自尊感情』や『自己肯定感』といった自分から自分への評価ではなく，自分の行ったことを他人から認めてもらった，自分が相手にした働きかけを相手から評価されたというように，相手の存在が前提となって生まれてくる『自己有用感』であるところがポイント」と述べている。不登校の「未然防止」同様「『絆づくり』と『居場所づくり』の二つを区別しつつ，その両方を行っていくことが重要」と指導の根本にかかわる指摘を行っている。

2015年7月の同資料5「いじめに備える」では，未然防止のために教職員による「居場所づくり」，子ども同士の「絆づくり」のための場づくりの重要性を前回に続き強調するとともに，「いじめに関する研修ツール」の中でインター

ネットによるいじめ，裏サイトへの対応は「学校が媒介となったり，学校が被害者と一緒になって，教育委員会や専門家の力を借りることが大切です。その一方で，子供が加害者にならないように，学校で『情報モラル教育』を行うこと，家庭で子供の携帯電話やスマホ，ゲーム機器の使用について監督・指導することが大切」と，学校，関係機関，社会，家庭の連携と啓発を求めている。

　2016年6月の同資料6「いじめに取り組む」では『いじめ追跡調査2013-2015』をもとに『学校いじめ防止基本方針』を，繰り返し確認しながら進めること，「未然防止」，中学校区の全教職員が定期的な「点検」「見直し」で「基本方針」の策定・実施をPDCAサイクルで進めると同時に子どもの実態を反映した共通の客観的指標を踏まえて話し合い，互いの認識を擦り合わせて「認識の共有」に至る，マネジメントの重要性，も訴えている。

　今後はこれら指導支援資料で指摘されたマネジメント，新たな視点での指導の展開が一層求められる。

　同様に，独立行政法人教職員支援機構では校内研修シリーズ No.45 として「ネットいじめの未然防止及び解決に向けた指導と対応」をWEB配信している。

　新学習指導要領でも小学校で「情報モラルに関する指導」の充実（第3章特別の教科　道徳），中学校でも同様に「特別の教科　道徳」，「技術・家庭」で，高校では「情報」で「情報モラルに関する指導」，「公民」で「情報に関する責任や，利便性及び安全性を多面的・多角的に考察していくことを通して，情報モラルを含む情報の妥当性や信頼性を踏まえた公正な判断力を身に付ける」こと，各専門学科の情報の授業でも「情報モラル」の指導を位置付けている。

結びに――教育の重要性

　ここに挙げてきたように法的な規制，業者との協力による情報モラルの徹底，相談体制の充実，いじめ未然防止策と連動した指導，情報モラル教育等，事前の防止から被害者救済に至る様々な対策が講じられていることがわかる。ただ，警察庁（2020）の調査中「学校における指導状況」を問う設問で被害を受けた児童生徒のうち「こまめに指導を受けていた」者は2.4%，「時々，指導を受け

ている」者は49.2％と，合わせて約半数にとどまっている。指導＝啓発が浸透していれば被害者にならずに済んだかもしれない。また，被害者の85.5％は契約当時からフィルタリングを利用していなかった。購入時に保護者や販売者は子どもが犯罪被害者にならないようフィルタリング等の対応を怠ってはいけない。

　また，事業者の協力として，ユーザーのモラルを喚起したり，悪質な書き込みを削除したり，悪質ユーザーの告発・排除，場合によってはサービスの停止に踏み切ることも必要であろう。実際に犯罪の温床となったSNS（ひま部）が自らサービスを停止した例がある。「ひま部」は「運営の手が届かない他社製アプリを交換してその中で犯罪行為を行ったり，実際に出会って乱暴をしたり。個人情報をタイムラインに載せる嫌がらせや，なりすましが多く発生」（「ひま部」運営者）したことから2019年12月サービスを終了した。

　SNSはメリットも大きい。しかし，悪用され，子どもたちが重大な犯罪に巻き込まれるケースやトラブルに巻き込まれることはあってはならない。

参考・引用文献

Cantril, H. The Invasion from Mars: A Study in the Psychology of Panic, Princeton Univ. Press, 1940
　（キャントリル，H著，斎藤耕二・菊池章夫訳『火星からの侵入』川島書店，1985）
中央調査社「第12回メディアに関する全国世論調査」2019
同志社大学・電通総研「人々の価値観変容と"クオリティ・オブ・ソサエティ"の行くえ」『世界価値
　観調査2019』2020
「ひま部」運営者「ひま部のアルパカブログ」
　https://himabuapp.tumblr.com/（2020年10月30日閲覧）
警察庁『令和元年におけるサイバー空間をめぐる脅威の情勢等について』2020
警察庁生活安全局少年課「平成30年におけるSNSに起因する被害児童の現状」2019
国立教育政策研究所「生徒指導支援資料」1〜6　2009〜2016
独立行政法人教職員支援機構「校内研修シリーズ No45」「ネットいじめの未然防止及び解決に向けた
　指導と対応」2019

https://www.nits.go.jp/materials/intramural/045.html（2020年10月30日閲覧）

日本リサーチセンター『NRCレポートメディア利用に関する調査』2016

日本新聞協会「新聞の発行部数と世帯数の推移」2019

https://www.pressnet.or.jp/data/circulation/circulation01.php（2020年10月30日閲覧）

日本財団『18歳意識調査』「第2回新聞」2018

日本財団『18歳意識調査』「第28回SNS」2020

文部科学省『令和元年度 児童生徒の問題行動・不登校等生徒指導上の諸課題に関する調査結果』2020

文部科学省『高等学校学習指導要領』2018

文部科学省 『小学校学習指導要領』2017

文部科学省『中学校学習指導要領』2017

文部科学省『教育振興基本計画』2008

文部科学省『児童生徒が利用する携帯電話等をめぐる問題への取組の徹底について（通知）』2008

文部科学省『「ネット上のいじめ」に関する対応マニュアル・事例集（学校・教員向け）』2008

文部科学省学校ネットパトロールに関する調査研究協力者会議『学校ネットパトロールに関する取組事例・資料集（教育委員会等向け）』2012

文部科学省子どもを守り育てる体制づくりのための有識者会議『「ネット上のいじめ問題」に対する喫緊の提案』2007

文部科学省子どもを守り育てる体制づくりのための有識者会議 『「ネット上のいじめ」から子どもたちを守るために──見直そう！ケータイ・ネットの利用のあり方を』2008

一般社団法人ソーシャルメディア利用環境整備機構『ソーシャルメディア上の名誉毀損や侮辱等を意図したコンテンツの投稿行為等に対する緊急声明』2020

総務省『令和元年度 通信利用動向調査』2019

総務省『インターネット上の誹謗中傷への対応に関する政策パッケージ』2020

総務省『インターネットトラブル事例集（2020版）追補版』2020

総務省発信者情報開示の在り方に関する研究会『中間とりまとめ』2020

総務省プラットフォームサービスに関する研究会『インターネット上の誹謗中傷への対応の在り方に関する緊急提言』2020

The NewYork Times [radio listeners in panic,taking war drama as fact] octorber 31.1938

特別寄稿

パンデミック下の教育2020

「置き去りにしない」・「苦手を活かす」 ICTマニュアルプロジェクト

井上 信子○いのうえ のぶこ

はじめに

2020年早春，筆者の勤務する大学 [註1] は卒業式及び入学式の中止を公表した。筆者は，ふと立ち止まり，深く息をした。「戦争，放射能，地震，津波，活火山の噴火。そして，新型コロナウイルス感染症。世界は不条理に満ちている。天災は収束することなく回帰して，そのたびに人々の人生と生命を奪ってきた。しかし，人類は屈することなく，今日まで感染症に闘いを挑み続け，生き延びている。ならば，生き残っているわたくしは，この不条理をどう受け止め，何をなすべきなのか」。

「大学教員としてできる限りのことをする」，そう決めて，「パンデミック下の教育とは何か」を問い，学生とともに試みた。本稿は，学生たちと教師による，その実践の記録である。

1 教育の目的

　パンデミック下で「わたくしたちはいかに生き，何をなすべきか」について自らの答えを出すこと。すなわち，自らがなすべき行動を見出し，その背景の「哲学」と未来の「展望」，そして現在の「行動と責任」を明らかにし，実践することである。

2 教育内容

　①生き残っている者の責任として，「死なない」。そのために「感染予防」教育と「孤立」を回避する。

　②就職氷河期も想定し，ライフライン化している「ICT力」^(註2)を獲得する。氷河期においても職を得て，社会に自分の居場所を見つけ，生きていける（食べていける）生活基礎力を身につける。

　③現段階では「英語力」を獲得する。国内外の他者とコミュニケーションを図り，地球規模課題に関して協働する能力を育む。

　④危機的状況下，他者の困難な状況への「共感」，実践を通して「連帯」と「社会貢献」の基礎力を養成する。

　筆者は教員養成（専門：カウンセリング・教育相談）にかかわっており，①－④は教員志望の学生の中に，「子どもたちに次の世界を生き抜く力を育む力」を養成する，その目標に流れ込むための各目的でもある。

　ここまでを「パンデミック状況に対応した授業」として試行し，以後は専門（臨床心理学）のゼミに切り替える。以上のラフな計画を立て，あとは実行しながら創造していくことに決めて，スタートした。

3　教育方法

　(1)課題提示による思索：個人の深い思索，グループ討論，実践の上レポート提出。

　(2)実践共同体による活動：上記②③④の力量形成を，他者との関係の中で現実化していく方法であり，加えて①「孤立」すると抑うつ，自殺念慮等の発症が高まるゆえ，これらの「予防」にも有効な方法である。

4　「遠隔授業」概要

　本学では，4月16日に「前期はすべて遠隔授業」と決定した。授業形態は「A：資料・課題提示型」「B：オンデマンド型」「C：同時双方向型」の3種類を想定した。「C：同時双方向型」のためにZoomとMicrosoft Teamsアプリ（以下，Teamsと表記）が紹介された。遠隔授業3種類すべてに，本学のLMS（Learning Management System：資料・課題の提示，成績，テスト，アンケート等の教育管理機能）を使用するよう大学から指示があった。

5　授業概要

(1)　授業名　　　「教育学演習Ⅰ・Ⅱ」（3・4年ゼミ）

(2)　授業開始　　2020年5月7日，前期：全13回

(3)　授業形態　　第1－第6回「A：資料・課題提示型」，第7回以降はTeamsによる「C：同時双方向型」。本稿では第1－第6回を報告する。

(4)　受講生数　　3年生11名，4年生9名，計20名

6　学生の状況

　筆者が所属する教育学科は一学年約100名。ゼミに所属するのは３年からのため，３年生は互いに顔を見たことがある程度，４年ゼミ生は１年間，濃密な時間を過ごしているため関係構築済みである。

　筆者は，４月に入るとすぐに（授業開始前），ゼミ生に Zoom 及び Teams の利用を前提とした「課題１」を提示した。ICT責任者と役職名も決めるよう指示し，のちに役職名は「ICT大臣」に決定した。

　授業が開始すると，筆者は同時に４つの課題を１・２週に一度の頻度でLMS にアップロードしていった。以下に，課題の内容（要約）および学生の応答と活動を示す。

7　学習の経緯

(1)　第一週　A型：「教育の機会均等」（2020年４月授業開始前に提示～５月14日提出）

課題１　「ネット環境の不良のために置き去りにされる学生が一人もいないようにするため，自分たちにできることを２学年合同で考えてレポートすること」。（字数自由）

〈学生のレポートより〉（以下，学生の文章はゴシック体で示す）
●わたしたちは当初，Zoom や Teams の遠隔ツールの操作にも慣れておらず，ゼミ生同士で助け合いながら話し合いを進めた。

　学生にできること：①LINE等で電話をつなぐ，②オンライン授業の学生相談ボランティアの募集（教員も学生も人知れず困っているかもしれない。その懸け橋になりたい），③学生で SNS情報を共有し必要情報の見逃し回避，④学

生同士で緊急連絡先を共有

　大学に求めること：①ネット環境整備のための経済的支援，②機材（PC・ポケットWi-Fi等）の貸出，③大学間でホームページ等に接続トラブル時の緊急連絡先の掲示，④重要事項の紙媒体の用意→郵送

　これらは，筆者が学科に提案していった。

●遠隔授業が始まった頃の自分は，他の人のことを考えることもなく，無事に授業を受け，レポートを出すことだけを考えていたが，活動を通して，自分の気持ちが大きく変容した。先生のおっしゃる「自分たちにできること」と，今の私の考えは，スケールに大きな差があるだろう。しかし「何をやるか」にこだわるのではなく「なぜそれをやるのか」という自分の気持ちを大事にしたい。些細なことが大切だと信じて，一人でも多くの学生がともに深く豊かな学びを得られるよう努め，今学期をスタートさせることをここに誓う。（3年柴田）

(2)　第二週・第三週　A型：「パンデミック」（5月14日，21日）

課題2　「Ⅰ．今回は大きな視野から，極限状況での生き方を考える。連日，医療従事者たちのいのちに差をつけること，医者が感染を恐れての診察拒否，教師が，保護者が医療や物流従事者である子弟の登校を拒絶するなどのニュースが報道されている。『われわれ人間はこのパンデミックにいかに立ち向かうのか？』の問いに，次の3つの資料のうち2つ以上を選び，自分でテーマを決めて論じること。Ⅱ．さらにこの状況下でいまの自分にできることを考えて実践するといい」（1000字以内）

資料　①菊岡正和 2020「神奈川県民の皆様へ──神奈川県医師会からのお願い（一緒に戦いましょう）」②アルベール・カミュ 1947『ペスト』新潮文庫　③小松左京 1964『復活の日』角川文庫（映画化された）

〈学生のレポートと実践記録〉

Ⅰ．われわれ人間はどうこの困難に立ち向かうべきなのか

●COVID-19（以下，新型コロナウイルス）が発見され，世界の様々な国で感染確認された際には「どうせすぐに収まるだろう」という声を耳にした。これは，日常が続くことを切に望むがゆえの声であった。事なかれ主義が世の中には横行していた。しかし現実には，新型コロナウイルスの脅威は去らず共存することを余儀なくされている。私たちは日常が崩れ去るかもしれないという「恐怖」に支配され，現実を見ることができなかった。そして，感染者の数が多くなり時間を経ると私たちに慣れが生じた。増える感染者や死者にも感情は動かず，ただの数字として捉え毎日右肩上がりになるグラフを眺める日々であった。このような，ウイルスへの恐怖や非常事態への慣れといったことは私たち人間の自然な現象といえるだろう。しかし，それではこの困難な状況に立ち向かうことはできない。私たちは，この意味で自分たちの自然な状態に抗う必要がある。

　『復活の日』の南極で最後の人類となり種の存続をかけて生活をした人々，『ペスト』のリウーや保健隊，そして神奈川県医師会の方々。大きな困難に立ち向かう人々の共通点を探れば，「今の自らのできることを果たす」という点に共通点はあった。『ペスト』の中では，医師のリウーとタルーの会話でこの様子が描かれている。「しかし，ペストと闘う方法は，誠実さということです。（中略）しかし，僕の場合には，つまり自分の職務を果すことだと心得ています」次々に襲ってくる目に見えない感染症というものに対し，人類が歩みを進めることを確実なものにしなければならない。それゆえ私たちは，できることを誠実に粛々と行うほかないのである。

　しかし不条理に対し人間はあまりにも小さく，一人で歩みを続けることは難しい。それゆえ，私たちが困難に立ち向かうには連帯が不可欠である。人間の連帯が欠けた世界の終末は，自動報復システム（ARS）の作動によって二度目の死を迎えた世界が示唆するところであろう。このことを考えたとき連帯の前提には「行動」がある。神奈川県医師会の資料から，思想ではなく行動を共にする人を求める切実な声を聞いた。そこで私たちは等身大の実践として，感謝を伝えたい方へお手紙を送る「お手紙実践」を行った。また，ICT のマニュアルを作成し活かすゼミ生で構成されたチーム「elf.」を開始させるなど，一

学生たちが行った行動は小さな行動であった。けれど，ゼミ生とその一つ外側に連帯を生み出したのではないかと考える。

　「われわれ人間はどうこの困難に立ち向かうのか」この問いに対し，私はこう答える。

　「今，自分にできる行動を，繋がりをもって立ち向かう」と。（3年日置）[註3]

Ⅱ．いま自分たちにできること——実践記録——
　学生たちは「想いを伝えたい人や場所に手紙を書く」という実践を行うことに決めて行った。
　(a)実際に送付した手紙の抜粋
●本学の学生は今まで経験したことのない新型コロナウイルスの感染拡大に見舞われ，大学に行けず，友だちや教授と顔を合わせてコミュニケーションを図ることも難しく，「不安」な日々を過ごしておりました。そのような時に貴社のZoomを通し，不安を取り除くと同時に，新たな「学び方」の良さを発見することができました。「私は5人家族ですが，数年前から遠方で一人暮らしをしている姉がいます。自粛期間は家から出られず，姉は人と話す機会が全くなくなってしまい，気分が落ち込む日が多かったようです。そこで，母がZoomを繋いでご飯をみんなで食べようと提案し，近況を報告しながら家族全員で食事を楽しむことが出来ました。」Zoomとの出会いが，私たちを救って下さいました。ありがとうございます……。2020（令和2）年6月19日（ビデオコミュニケーション会社様宛）（4年越智，加藤，廣田）
●大学の授業が全てオンラインになり，私たちは多くの時間を家の中で過ごしています。家で過ごすうちに，出たゴミを毎朝外に出すと，数時間後には必ず回収されていて，今まで当たり前だと思っていたこの日常も，誰かに支えられて成り立っていると実感するようになりました。そして，この状況の中でも，ごみ収集のお仕事をされている方へ，改めて感謝の気持ちを伝えたく，今回お手紙を書くことにいたしました。エッセンシャルワーカーとして，感染のリスクもある中で，日々働いてくださっている，ごみ収集のみなさん，本当に

ありがとうございます。心から御礼申し上げます。みなさんのおかげで，私たちの街は日々，きれいに保たれています。いつも，どんなときも，地域のごみを回収し，日々の私たちの暮らしを支えてくださってありがとうございます。2020（令和２）年６月22日（川崎市役所ごみ収集の清掃員様宛）（３年廣瀬）

(b)実践後の学生たちの感想の抜粋

●今回の実践を通して，独りよがりになりがちな困難な状況の中でも，誰かが誰かを支えているということに目を向ける大切さを実感した。現在は社会に支えていただくことが多いが，できることを増やして他者を支え，社会に貢献できる人間になるよう日々努力したい。誰かを思う気持ちを忘れずに行動していきたいと思う。（３年太田）

●文字にすると，心にあった感謝の気持ちをより一層自分自身で実感することができた。（３年岩崎）

●コロナ禍の中でも働いてくださってる方がおられることで，自分も行動規制などの感染防止対策を心掛けなければならないと実感した。（４年村井）

●行動に移すことが成長の第一歩。リーダー（４年高尾）を筆頭に実行できたことを本当にうれしく思う。（４年田辺）

●この実践で「自分は，人間は，１人ではない。この未曾有の危機に社会全体で立ち向かっている」という意識が生まれた。自分が社会の一員であるという実感を得られた今，他者に目を向け手を取り合って，ともにこの時代を生きていきたい。（３年丹野）

（i）一通のメール

　この頃，一通のメールがゼミ生から筆者に届いた。

●大学に通う学生のネット環境が整い始め，オンラインでの授業が本格的に始まった６月のこと。Microsoft Teams を使用したある授業で，ネット環境不良により授業に参加できない学生がいたため，私は無意識にその学生に電話越しでの授業参加を提案しようとした。しかし，その学生からは，同じ井上ゼミの３年柴田がすでに LINE電話をつないでいると返信があった。私はこの返信

を見て，同じゼミの仲間がゼミの活動を超えて助け合い，活躍していることをうれしく思うと同時にとても誇らしくなった。この私と３年柴田の咄嗟の行動は，これまでの課題に真剣に取り組んだことで，「誰も置き去りにしない」という思いが真実となり，身体に沁みこんだ本当の学びであったからだと考える。ゼミを超えて一人ひとりが貢献し助け合うことで，ともに生きる社会を実現したい。（３年表）

（ⅱ）学生たちへの呼びかけ

　５月下旬，４年生は就職活動，教員採用試験準備に集中し，活動を離れた。３年生11名は Teams の様々な機能を使いこなすようになり，この間に「ひとりも置き去りにしない」精神から，機器が苦手なゼミ生向けに使い方の「Teams マニュアル」を作り筆者にも送信してくれた。

　筆者は，ゼミ生の「他者と共に生きる」資質の開花を願って呼びかけた。「みなさんは不器用な老教授のために『Teamsマニュアル（教師用）』，同時に『同（学生用）』も作成してくれました。そこで社会に視野を広げて，人々がつながるために，オンライン授業に苦慮している学校等のために，社会貢献するのはどうだろう。ツールは Microsoft Teams を選択したい。理由は①あらゆる営みの根幹は『安心安全』。セキュリティの高さを最重要に評価する。②Teams Education版は教育機能（LMS）の内容を「単体」で備えている。③Teams は office365（本学は包括契約済）内のアプリを取り込むことで発展性がある。④常在の『ワークスペース』の提供があり，『プロジェクト型学習』に適している。⑤すぐに会議が開ける。Teams を基地として，足りない機能を Zoom で補い使い分けるのでどうだろう」

（ⅲ）遠隔授業プロジェクト「elf.」の立ち上げ

●2020年春，少しの緊張と大きな期待を胸に，私たちは一度も直接会うことなくゼミの活動を開始した。はじめに，それぞれの役職を決めた。その中でも特に，ICT 大臣は大きな役割を担っていた。急なオンライン化に右も左も分からなかったゼミの仲間を，彼女はあたたかく，大きな力で包み，共に一つひ

とつ乗り越えてきた。ある時，彼女はオンライン化によって仕事がなくなってしまったゼミの会計係２人の存在に気がついた。そして ICT 大臣の構想をもとに２人（３年富田・栗山）はオンライン授業のための動画を作成した。この３人の「身近な誰かを助けたい」という想いは動画を見たゼミ生全員に届いた。このことをきっかけに，当初希望者のみで進める予定であった本プロジェクトは，参加を望んだ 11 人全員で，遠隔授業のマニュアルを作ることからスタートした。１つ目のマニュアルは，何か少しでも井上先生のお力になりたいという私たちの想いから完成した。活動を進める中で「誰かの力になりたい」「誰一人置き去りにしない」という思いの範囲は広がっていった。喜びも葛藤も，等身大の 11 人の想いが詰まったプロジェクトを作ることにした。そのチーム名はドイツ語で 11 の意味を持つ「elf.」という。（３年岩崎）

●３年ゼミ生の話し合いは，課題に取り組むためだけの時間ではなく，ゼミ生 11 名の関係づくりの時間でもあった。話し合いや提出レポート等の共同作業で同じ時間を共有することで，ゼミ生同士がお互いを知り，誰も置き去りにされないよう助け合える関係になっていく。当初，ゼミでの話し合いは多くの時間を要した。深夜まで議論する日々が続き，生活の多くの時間をゼミの活動に充てることもあった。なかなかまとまらない話し合いに疲労困憊し，11 名はそれぞれゼミ活動の難しさを実感した。そのような状況で，「誰一人置き去りにされないように」チームワークをもって助け合うという意識がゼミの組織内で少しずつ芽生えてきた。そして，機器が苦手な周囲の友人や，先生の役に立とうと，主体的，積極的に「遠隔授業，機器マニュアル」を作り始めた（３年太田）。

(3) 第４週・第５週　A型：「背景に哲学を，未来に展望を，現在(いま)は行動と責任を」（５月28日，６月４日）

課題３　「elf.」の立ち上げに伴って，「Why なぜ」「How いかに」「What 何を」の観点から，ICT で社会貢献するのかについて考えを深める。

　「誰も，置き去りにしない」思いで，皆さんが，友だちのために作った

オンデマンド型の動画は，クラウド上にあげておけば，いつでも何度でも自分のペースで学べるので「自己学習」に最適である。世界の教育は「クラウド上に学校を作ろう」（Mitra, 2013, Khan, 2011）というところまで進んでいる。企業人・教員を問わず，最低限のICTリテラシーが必須である。

　しかし，Zoom も Teams もコミュニケーションツール，すなわち道具に過ぎない。道具に振り回されず，なぜ，それを使うのか，わたくしたちは，背景に深い考えをもつ必要がある。以下の資料を参考に「背景に哲学を」さらに，「未来に展望を，現在なぜICT領域で社会貢献をするのか？」をレポートすること（字数自由）。

資料

１．いま，人類はどこに向かおうとしているのか？　①「Society 5.0 とは」②「サイバー空間とフィジカル空間の高度な融合」（内閣府）

２．急速に変化が起こっているときは，のせられず，必ず立ち止まる。上記１―②「ビッグデータとは？」その方向は人類を幸せにするのだろうか？と問う。わたくしたちがいなくなった後の時代を生きる子どもたちのために，つねにその視点を持つ。メリット，デメリットを確認。③「巨大IT支配に監視の目」（日本経済新聞，デジタル規制特集，2020/5/6）

３．いま，日本は Society 4.0 の情報化社会を世界に遅れて歩んでいる。今回のコロナ禍でそれが特に学校の授業において露呈④「遠隔授業 環境整わず」（日本経済新聞，2020/4/29）

４．それは，低所得国に顕著⑤「休校で情報格差深刻―ユネスコ，ネットなし 43%」（日本経済新聞，2020/4/23）

５．低所得国の先進⑥Ted : Mitra, S. 2013「クラウド上に学校を」．

６．米国の先進⑦Ted : Kahn, S. 2011「ビデオによる教育の再発明」

７．人類の未来⑧Ted : Howking, S. 2008「宇宙に関する大きな疑問を問う」

〈ゼミ生のレポートより〉以下，文中（　）内の数字は課題３の資料番号に対応している。

●生き抜く力　～共に生きる営み～

　目に見えない小さなウイルスによって，私たちは暗いトンネルの中を何ヶ月間も歩き続けている。COVID-19（以下，新型コロナ），このパンデミックは本当に前代未聞の災難なのか。私は，過去や現在の世の中で起こった歴史を忘れないために，そしてこれからの世界で生き抜くために，今自分たちが何をすべきなのかを考える。

〈ICT を使う選択〉

　デジタル化・情報化社会の中で，どれだけの人が ICT を自らの意思で選択できただろう。コロナ禍で，オンライン化が急速に進んだ日本の片隅で，私たち大学生もオンライン授業を余儀なくされた。もともと内閣府が掲げていた Society5.0（①）など，程遠い未来の話であったのに，今やその社会はすぐそこまで広がってきている。このまま，ICT や AI に振り回され，ビッグデータに支配される人生でいいのかと，胸がざわついた。（②）私は ICT について学ぶ中で，それを使う３つの意義を見いだした。

①　共通ツールとしての ICT

　これからを生きる子どもたちは，問題解決能力と協働性を身につけていかなければならない。感染症や災害といった不条理な社会に生きる彼らは，その課題をどうやって解決していけばいいのか，自ら考え，自ら判断し，自ら行動していく力が必要不可欠だろう。それだけでなく，全人類が手と手を取り合い，共に助け合う心を持ち合わせていなければならない。不毛なプライドやナショナリズムを捨て，無条件で助け合う世界には，現段階では英語と ICT が共通言語とツールになる（小松，1964）。子どもたちが必要なものは明らかだ。新しい世界で生きる子どもを育てるため，私たちは今一度教育の在り方を問い直すべきではないだろうか。

②　可能性を広げる ICT

　このような力をすべての子どもが身につけるためには，現状の教育では不十

分だ。誰もが学べる教育を実現するために，ICT は大きな可能性を秘めている。電力とインターネット環境とデバイスさえあれば，どの国のどんな子でもその場で学び始めることができる。クラウド上に学び舎を築けば，世界中の教師や子どもたちとつながり，学ぶことができる（⑥⑦）。学校が教育の必須環境ではなくなる。問題なのは子どもがどこに暮らしているかということではない。どうやって子どもに学びを提供するかだ。

③　つながりの場としての ICT

ICT は単に作業を効率化するための道具ではなく，人と人をつなぐ場所にもなる。コロナ禍において，人と人とのつながりが何にも代えがたい力になるということを様々な場面で実感した。ニュージーランドでは国のリーダーがSNS を通じて国民と共に戦う姿勢を見せ，一斉休校を余儀なくされた日本では，非営利団体がオンラインフリースクールで子どもの居場所を築いてくれた。私たちは困難な状況だからこそ，共に生きることを忘れてはいけない。先人の時代には不可能であったつながりが，今は容易に築くことができるのも，ICT の真の強みであろう。

混沌とした不条理な社会を生き抜く力は，ICT と上手く組み合わせるとより大きな力になる。このような背景をもって，ICT を自ら選択していく知を備えていくことが大切だろう。

〈現状から見えてくるもの〉

しかし，連日の報道は ICT の影を物語っている。実態として「見えない」オンラインの世界は，知らぬ間に膨大なデータを掌握し巨大な力となったり（③），誰にも気づかれず置いていかれ，孤立する人々がいたり（④⑤）といった課題に直面している。「技術的な発展は，環境を良い方にも悪い方にも変えることができる」（⑧）のだ。

また，コロナ禍で人類についても再認識させられた。周りの環境さえよければ良いとする人々。自分たちの利益や防衛のために動く企業や国家。そして何より，自分たちの展望を描くことを怠り，満足した日々にあぐらをかいて生き続ける人類。医療関係者が自らの命を削って戦う中，不毛な争いで別の犠牲者

が生まれる世界が，私たちの生きてきた世界なのだ。

　技術的な発展に溺れ，人類の「利己的で攻撃的な本能」（⑧）に支配された私たちは，時間の経過とともに過去の失敗を忘れ，同じ過ちを繰り返し続けている。戦争や災害など困難な状況に陥っても自国の利益のみを追求し，被害を大きくしてきた。なぜか。自分たちが有限の中を生きていること，不条理な世界に生きていることから目を背けているからだろう。我々はこのような世界の中で生きていることを，ここで受け止めねばならない。そして，自分にできることをし続けなければ，世界は変わらない。

　私が今ここで綴った言葉も，私ができることの一つであろう。そして，私の言葉の流れを一緒に感じている人がいたら，それは人間のみができる共鳴行為だろう。言葉という記号を通して，私と見知らぬ誰かがつながるこの瞬間こそ，人間的な温かい関わりで，共に生きる営みなのだ。言の葉の庭で，共に考え，共に揺れ，共に歩むことの尊さを教えてくれたゼミ生に支えられながら（井上，2018），理不尽な世界を生き抜くために，人間の共鳴行動について問い続けていく。（3年柴田）^(註4)

文献
1.　小松左京『復活の日』角川文庫　1964　（映画視聴）
2.　井上信子「第5章　大学生─『わたし』を語り直す」　コラム「ゼミ集団の相互教育力による教育と相談」『自己実現に誘う教育と相談─信じて引き出して　生かす』金子書房　2018　pp.185-192

（ⅳ）「elf.」の技術的な成長
●私たちはICTを駆使して，非対面の中「elf.」の活動を続けてきた。オンライン上での制作活動は，私たちのICT技術の向上に繋がっている。そして「みんなで」作るこだわりが，「elf.」の進化の原動力になっている。
〈elf.社のオフィス〉
　私たちが主に活用しているのは，Microsoft社が提供しているTeamsとい

うアプリケーションだ。ここでは Word や PowerPoint といった Office365 のアプリケーションを共同編集できたり，電話会議を開いてその記録をチャットやレコーディングとして残したりすることができる，まさにクラウド上のオフィスだ。

〈会議以外の話し合いの場〉

　私たちは Teams で密な連絡を取りながら制作を進めていった。最初は逐一オンライン会議を開いて連絡していたが，個々のプライベートの時間との調整は難しかった。そこで，OneNote という Office365 のアプリケーションをTeams上に取り込み，それぞれのマニュアルデザイン案や，計画を「OneNote」上で進める形にシフトチェンジした。

　さらに，PowerPoint作品自体の細かな修正事項を伝えるのに，OneNoteを開くのは時間がかかるとして，PowerPoint の中でやりとりができるコメント機能を発見し，活用することにした。そこではスライドごとに意見交換を行うことができ，作業効率も格段に上がっていった。

　スケジュールは Googleカレンダーを使って，これによって，互いのスケジュールを可視化しみんなが空いている時間に声を掛け合うようになった。

〈私たちの軌跡〉

　最初は「デザイナー」という役割のゼミ生（3年曽根）がマニュアルの構想を考案。その他のゼミ生はそれぞれの持ち味を生かせるよう，イラストを描く，動画に音を入れる等の担当を決めて，「みんなで」作る雰囲気作りから始まった。しかし実際には，一部の人ばかりが作業を担い，結局名ばかりの役割分担になってしまった。

　ICT技術に優れたものばかりが作業を進めていた現状を変えてくれたのは「てふてふ」（命名：3年河野）チームのみんなだった。てふてふチームは，ICTに疎く，操作も自信がないというゼミ生と先生が立ち上げたチームで，そのメンバーから提案されるアイディアはシンプルで誰にとってもわかりやすいものだった。OneNote の書き込みを積極的に進めたり，PowerPoint にコメント機能があることを見つけてくれたり，マニュアルの説明不足を補ってくれたり，

わからないながらも模索し，提案してくれる彼女らは，蝶のようにひらひらと私たちを導いてくれた。elf.社のメンバーはとにかく，ここに挙げきれないほどの失敗を繰り返しながら，それでも「みんなで」作る方法を模索し続けた。

　確実な進歩をとげる方法を発見できたのは，「みんなで」作りたいという想いと，実体験の失敗があってこそだと振り返る。私たち elf. の「誰一人置き去りにしない」という信念は，動画を見る人への想いだけではなく，私たち仲間同士の合言葉としても根を張っている。（3年柴田）

(4)第6週　A型：「プロジェクトの計画」（2020年6月11日）

> 課題4　完成済の動画に関する意見交換を行い，プロジェクトのプランを作成してレポートにまとめること。（字数自由）

　プランは実行され次頁の表1として結実した。
　第7週　2020年6月18日からC型：同時双方向(Teams)による，「臨床心理学」（教育相談・カウンセリング）のゼミを開始した。

7　英語クラスの設置

　8月，筆者はゼミ内の英語クラスを提案した。ゼミ生たちは自分の人生計画に英語を位置づけ，「なぜ，何を，いかに」学ぶか，必要な者は英語外部試験の目標点数も含めて，学習計画を立て筆者に提出した。

　米国に留学していたゼミの卒業生がパンデミックのために帰国したので即刻，英語クラスの講師を依頼した。宮地さんは，学部3・4年次に東日本大震災のボランティアに参加し，不条理を目の当たりにしていた。筆者は，彼女のご尊父で，富士山の大噴火から日本を守ろうと奮闘された著名な火山学者のお姿を，彼女が無意識に追っていると感じていた。以下は，宮地講師による寄稿である。

表1　遠隔ツールマニュアル一覧

作品名	内容	QRコード
「elf. と学ぶ 〜はじめてのオンライン授業 　Teams の使い方（参加者用）〜」	学生など Teams に参加する方のための基本的な使い方マニュアル動画 https://youtu.be/uFNOXueqjmE	
「elf. と学ぶ 〜Teams会議の方法（主催者用）〜」	主催者のための Teams の基本的な使い方マニュアル動画 https://youtu.be/gUDi85WkPJU	
「elf. と学ぶ 〜はじめての Zoom〜」	Zoom のアプリをダウンロードするところから，会議参加・開催の仕方までを説明した動画 https://youtu.be/3YIcnmtdwLE	
「elf. と学ぶ 〜Zoom会議 待機室とブレイクアウトセッションの使い方〜」	Zoom の会議中に使える待機室とブレイクアウトセッションの機能の使い方を説明した動画 https://youtu.be/Si8xXht1zXE	
「elf. と学ぶ 〜Zoomビデオ会議で便利な背景変更〜」	Zoom のビデオの会議で便利なバーチャル背景の設定の仕方を説明した動画 https://youtu.be/ODuHKvsuKM0	
「elf. と学ぶ 〜一歩目を踏み出す PowerPoint〜」	オンデマンド型授業に対応するための PowerPoint 基礎動画 https://youtu.be/uk8gfj64yJg	
「elf. と学ぶ 〜二歩目を歩む PowerPoint〜」	音声の挿入方法 やアップロードの仕方など PowerPoint の応用技術を紹介した動画 https://youtu.be/kaaXKBkqbjg	
「elf. と学ぶ 〜端末選ばず自由操作OneDrive〜」	インターネット上でのファイル保存・共有を可能とする OneDrive の紹介・説明動画 https://youtu.be/71jtQTHa4zo	
「elf. と学ぶ Forms で小テストを作ろう 〜知っていると差がつく！ Formsクイズの活用法〜」	Forms を使ったテストの作成方法を説明した動画 https://youtu.be/5HdkXXeiFuc	
「elf. と学ぶ Forms でアンケートを作ろう 〜作成・集計をスマートに！Forms アンケートのひみつ〜」	Forms を使用したアンケートの作成方法を説明した動画 https://youtu.be/58nRBXZYV9o	

（全ての作品のナレーションを丹野が担当致しました。）

●誰一人取り残さない居場所

卒業後は，「人の心に寄り添うとは何か」を考えるため，児童心理学を専攻して米国に留学。しかし，新型コロナウイルスの影響で日本での大学院進学準備を決意。現在，3年ゼミ生の英語クラスを担当しています。

米国の大学の授業では，ICT を用いた課題の発表を通して，ICT活用は，学びを効率化する手段だと知りました。方法の習得に狼狽していた女子大時代と，ICT で自らの可能性を生かしていた米国での時間の質の差は歴然でした。

現在担当している英語クラス，homey（ホーミー）は，Teams で週に一回，2時間行われます。名称はゼミ生の考案で，帰ってきたくなる Home という意味があります。

先日，（東日本大震災の時）私の東北ボランティア経験を後輩たちに話しました。不条理との遭遇は，私の信念を創り，9年前に病で去った父の存在に向き合わせてくれました。卒業論文は，福島県で今を必死に「生きた証」です。

英語は意思疎通の方法ですが，言語の壁を超えた世界との協働が，理不尽な社会で個人が生き抜くための要だと思っています。

米国では，居場所とは，師と学生の関係性にあると学びました。今後も homey が，宝物の日々をそっと彩る，彼女たちの Home となるよう努めていきます。

参考文献：井上信子「第3章　中学生―『わたしの物語』を描き始める」『自己実現に誘う教育と相談―信じて 引き出して 生かす』金子書房　2018 pp.93-97

森をブルドーザーで切り拓く ICT大臣（ゆえに PDCA ならぬ DPCA）の資質に目を配り，ゼミ生一人ひとりに寄り添いながら運営を行っているゼミ長の言葉をもってまとめとしたい。

8　半年間を振り返って

●大学でオンライン授業が始まるさなか，この「誰も置き去りにしない・苦手を活かす」プロジェクトは開始となった。当初，顔見知り程度であった11名をまとめるのは非常に困難であった。結果として，11名の意識がまとまらず組織内で「置き去り」にされる者が現れ始めた。この状況の解決には私自身苦しんだ。それは，置き去りにされた者に対し厳しい意見が組織内でも見られ，私自身も「なぜもっと頑張らないのだろう」という疑問を抱いてしまっていたからである。8月，様々な授業のレポートや就職活動の一環であるインターンシップ，教育実習準備など各々のやりたいことに走り出し，第2週・3週の課題の再提出の際には全員で話し合いを行うことも不可能であった。まとめの話し合いは，5人しかいなかった。ある学生が話し合いの中で漏らした「なんでみんな来ないのだろう」という言葉に同調する気持ちと「置き去りにしない」が私の中で同時によぎり苦しくなった。

　そんな温度差を感じながらの運営は苦しい日々が続いた。皆に参加するよう，呼びかけようと思い連絡に使用しているTeamsに，参加をするよう文字を入力しては，消す日々であった。その日々の中で，あるゼミ生の「解決は急がない方が良い」という言葉にハッとさせられた。この状況を無理に変えようとするのではなく，状況ごと抱え見守ることが必要であった。それは，私だけでなく温度差を感じていた者が忘れていた感覚であり，彼女が教えてくれなければ忘れたままであった。そして，忘れたままであれば状況は深刻化しただろう。

　プロジェクトを通じ深く関わりあうことで，私たちに大きな変化が訪れた。それは，「自分とは違う立場の人のことを想像し，共に歩むことを第一に考えるようになったこと」である。これはまさに「誰も置き去りにしない」を実現する形であった。今後も課題は残る11名ではあるが共に成長することを第一に歩み続けたい。（ゼミ長：3年日置）

おわりに

　若き日，カミュの『ペスト』に衝撃を受けた。「歴史に残された約三十回の大きなペストは一億近い死亡者を出している……死んだ人間というものは，その死んだところを見ないかぎり一向重みのないものであるとなれば，広く史上にばらまかれた一億の死体など，想像のなかでは一抹の煙にすぎない」（カミュ，1969）。人間は，他者の屍を足下で砕かねば，ペストのネズミの血を我が身に浴びねば，パンデミックをわがことと捉え得ぬのか？　阿鼻叫喚の極限状況では，共感も連帯も崩壊し，それこそが不条理の悲惨なのか，と震えた。あの日の衝撃が，この実践の原動力であったのかもしれない。

　「パンデミックをいかに生きるべきか」の問いには，ゼミ生たちが思索的にも，実践的にも応えている。ゆえに，ここでは教育実践について若干の補足を加えることとする。

1　社会的構成主義の「学習」観……………………………………………

　ここまで記録してきたことは，すべてが「学習の過程」である。筆者は，「学習」を，個人の活動による成果や評価の獲得の面もありながら集団内の相互作用による能動的な価値の創造の面に重きを置いて考えている。後者は，社会的構成主義の立場である（ガーゲン，2004）。そこでは他者の存在が重要となる。当該の学習内容が得意な者に質問したり，同レベルの者同士でも対話の中で別の視点や考え方を得たり，時に不得意な者が本質を突いて思わぬ発見を得ることもある。社会の中で，皆がかかわりながら，いっしょに「生きていく」。その中に，新たな知の地平が拓き，新たな価値を創出する契機があり，皆で賢くなる「学習」である。

　2020年4月から半年間，ゼミという「実践共同体」の中で「elf.」は，ほぼ毎日，「発達の最近接領域（ZPD）」（ヴィゴツキー，2005）を積み重ね，PDCAサイクル，すなわちP（Plan：計画），D（Do：実施），C（Check：評価），A（Action：行動）を繰り返して，ICT教育という「未知の森」を切り拓いてきた。実践共同体とは，参加者が集団への具体的な参加を通して，知識や技能の習得が可能

になる場のことであり（Lave & Wenger, 1991），ZPD とは，「今日子どもが《他者の》協力の下で遂行できることは（！）明日になると独力で行えるようになる！という」意味である（レオンチェフ，2003，《　》は筆者による加筆）。

それは，「誰も置き去りにしない」目的のためであり，「教員も学生も人知れず困っているかもしれない。その懸け橋になりたい」という，ゼミ生の4月当初の思いはいまもぶれていない。徹底して弱い立場の人の傍らにいるのである。

2　苦手意識の克服の要因 ──「オキシトシン」と「主役」……………

苦手意識という心の障壁は，軽い適応障害と見られるが，実はその克服はときに容易ではない。しかし，機器苦手チーム「てふてふ」メンバーは，7月にはあざやかな色彩の蝶に変身し，後期の授業では全員がPowerPoint等のツールを駆使して，各自がアクティブラーニング科目の1コマを担当できている。なぜか？　毎日，機器に触れ試行錯誤した他に何か理由があるのだろうか？

脳科学者の中野（2017）によれば，「困っている友だちの役に立ちたい」「役に立てた」のように親近感や絆を感じたとき，脳内では「愛情ホルモン」と呼ばれるオキシトシンが分泌され，これは感情に直接的に作用して仲間意識を作る。ゆえに，これは共同社会を構築するのに必要不可欠な脳内物質である。ゼミは愛情豊かな学生の集まりであり，その中で，相互に絆や友情で満たしあい，疎外感を感じなかったのが一因ではないだろうか。また，「elf.」では「苦手を活かす」意識が徹底しており，「てふてふ」の作品案や指摘は尊重され，かつ的を射て創作に大いに役立った。すなわち，苦手チームが知的な「主役」であったことからも，自尊心の低下を防ぎ成長が速やかであったと考えられよう。

3　集団内のいじめ，置き去り，追放－「オキシトシン」と「向社会性」…

協働作業ではメンバーによる資源（時間・エネルギー・アイディアなど）の供給のバランスが取れていると安定する。だが，集団の凝集性が高まり，皆が仲間や集団を大切に思えば思うほど（向社会性），良い仲間，優れた仲間を選別しようとする思いが働き，集団に貢献しない者は規律を乱す者と見なされ，「い

じめ」や「置き去り」や「追放」の制裁が始まることは少なくない。実はこれもオキシトシンの働きであると指摘されている（中野，2017）。筆者は，この現象はむしろ当然起こると推察して，察知するや否や「オキシトシン」の働きについて語り，認知的な理解を促した。しかし，感情は収まらず，実質的にはゼミ長の理性と忍耐と洞察，そして抱えによってこの危機は危く乗り越えられた。

さらに「いじめ」「置き去り」「追放」で忘れてはならないのが医療従事者の子どもたちへの処遇である。最前線で恐怖と闘い,他者の生命を救っている人々の苦悩に共感し，助け合うべき，連帯すべきときにそれは起こった。連帯が崩れ去るほど悲惨な状態を不条理というのであろう。そこで試されるのが，人間らしさ，すなわち，「倫理であり，愛」だとカミュ（1969）は教えてくれた。だが，この問いは，わたくしたちが一生抱えていくものなのであろう。

4　現在（10月）の「elf.」──社会貢献と自己実現……………………

「elf.」のマニュアル動画は，本学非常勤講師，教員，公立小学校等で役立てていただいている。また，あるゼミ生は企業の就職面接でそのICT力と実践共同体で培ったチーム力が評価されてMVP賞を受賞し，別のゼミ生は，教育実習先の小学校でICTによる授業の依頼を受けた。さらに，別のゼミ生は留学試験に合格し，来年1年間，「誰も置きざりにしない教育」について，生命はすべて平等という思想のスウェーデンにおいて研究する。もっと広い社会で役に立ちたいという「elf.」の思いから，表1にQRコードを付与した。お役に立てればうれしい。

これまでの営みにおける，大学教員としての筆者のかかわりは「一方では，社会的教育環境の組織者・管理者であり，他方ではこの環境の一部分」であった（ヴィゴツキー，2005）。同時に，「方向性」を見定め，「時間を逆算」して，実践の成果が「社会貢献」と「自己実現」の両方に重なるように（すなわち，足元の就職活動や教育実習にも活きるように）デザインして，学生の主体性を見守った。

　わたくしとゼミ生はまだ会えていない。これらはすべて画面越しに起こった
ことなのである。

註

1　日本女子大学

2　ICT：Information Communication Technology「情報通信技術」

3・4　いずれも筆者が5月に提示した課題である。しかし，その頃，学生たちは「課題地獄」の中
　　で苦悩し，その上つぎつぎに動画を作ることに追われ，落ち着いて本課題に取り組めず2度書き直
　　しして寝かせた。そしてZoom,Teams,PowerPointの動画がすべて揃い，振り返って自分たちの行
　　動の意味を理解し，ふたりとも10月の3日間を使って書き上げた文章である。

参考文献

カミュ，A.　宮崎嶺雄訳『ペスト』新潮社、1969

ガーゲン，K. J.　永田素彦・深尾 誠訳『社会構成主義の理論と実践——関係性が現実をつくる』ナ
　　カニシヤ出版，2004（Gergen, K. J. Realities and Relationships, Soundings in social construction.
　　Cambridge, Harvard University Press. 2004）

ジーン・レイヴ／エティエンヌ・ウェンガー著　佐伯胖訳　福島正人解説『状況に埋め込まれた
　　学習——正統的周辺参加』産業図書，1993（Lave, J. & Wenger, E. Situated learning : Legitimate
　　peripheral participation. Cambridge: Cambridge University Press, 1991）

レオンチェフ，A. A.　菅田洋一郎監訳，広瀬信雄訳『ヴィゴツキーの生涯』新読書社，2003（A. A.
　　ЛЕОНТЬЕВ，Л. С. ВЪЫ ОТСКИЙ. МОСКВА　ПРОСВЕЩЕНИЕ, 1990）

中野信子『ヒトは「いじめ」をやめられない』小学館，2017

ヴィゴツキー　柴田義松・宮坂琇子訳『ヴィゴツキー教育心理学講義』新読書社，2005（Vygotsky, L. S.
　　Education Psychology. CRC Press, 1997／ЛевСеменовичВыготский, Педагогическая пс
　　ихология, Краткийкурс, Москва, 1926）

謝辞　根本史代様（大学メディアセンタースタッフ）が常に真摯に的確にメディア全般に関してお導
　　きくださいました。マニュアル動画一覧も丁寧にご確認くださり，感謝にたえません。ありがとう

ございました。

井上ゼミ３年「elf.」11名

岩崎愛乃・太田梨花・表詩歩・栗山優花・河野真帆・柴田絢・曽根千佳・丹野和花菜・
　富田優奈・日置巴菜・廣瀬ちはる

※190頁のQRコードの読み方に関しては,「So-net QRコードをスマホで読み込む方法」
　をインターネットで検索してください。

あ　と　が　き

　新型コロナウイルスによる感染症が世界的に拡がり，日本もまた，政府が2度にわたって緊急事態宣言を出さねばならぬほどの状況である。そうした中で，文部科学省では，学校だけは通常の授業が継続できるように，という基本姿勢を示している。しかし1回目の緊急事態宣言の折には全国的な休校措置が取られたし，年明けからの2回目の宣言の際には地域ごとの全面的休校措置は避けられたものの，児童・生徒自身に検査での陽性者が出れば，その学校の休校措置を検討せざるをえなくなる。感染の度合いに地域によって濃淡はあるが，全国の児童・生徒は，大きな声は出すな，友だちと一緒に飲食するな，互いに距離を取れ，できるだけ外出は控えろ，等々「自粛」を要求されている。

　こうした中で，児童・生徒は活気を失い，先の見通しが不透明となり，時には鬱症状を示すようになっている。心配なのは，こうした状況で児童・生徒はきちんと学習し，学力をつけることができるのか，必要な体験を積み重ねて人間的に成長できるのか，といった教育の根本にかかわる問題である。

　状況が厳しくなればなるほど，児童・生徒一人一人が，それに負けない逞しさと自律性を身につけているかどうかが問われざるをえない。自分自身を支え，励まし，方向づけ，一歩一歩着実に学習を進めていくことができる力が身についているかどうかである。まさに自分自身を教育していく姿勢と力である。コロナ禍の厳しい状況であるからこそ，学校ではあらゆる機会をとらえて児童・生徒を主体的な学習者に育て上げる努力をしなくてはならないのである。本号で「自己教育力」の練成を特集したのは，こうした理由からである。各教科・領域に即して「自己教育力」の練成の在り方について，具体的に論じていただいた執筆者の方々に深く感謝したいと思う。

　また「特別寄稿」として，本号でも優れた研究や論稿を幾つか掲載させていただいた。新たな刺激を与えていただいたことを，有難く感謝したいと思う。

　本号のために御協力御支援いただいた方々に，心から謝意を表したい。

（梶田叡一）

日本人間教育学会News

　日本人間教育学会は，会員の皆様，また，その趣旨にご賛同いただける方々のご協力をいただき，6年目を迎えました。本年度は，新型コロナウイルス感染症の流行に伴い，世界中の数多くの活動に制限が生じました。日本では，緊急事態宣言に伴い，令和3年2月現在，感染者数は減少傾向にありますが，今後も予断を許さない状況と言えるでしょう。本会においても，先にご一報した通り，感染拡大防止の観点から第6回年次大会を中止とさせていただきました。また，同じ理由から，本年の学会における研究会，フォーラムの開催などにつきましても，開催を企画できる状況にありませんでした。致し方ない状況とはいえ，会員の皆様に十分な交流の場をご提供することができませんでしたこと，お詫び申し上げます。

1．本年度の活動報告と次年度の活動予定について

　令和2年度の活動としまして，8月に学会編集である『教育フォーラム』第66号，また今回の第67号を金子書房より発刊させていただきました。また，学会誌の『人間教育学研究』第7号にも，多くの皆様のご投稿をいただき，令和3年春までに発刊させていただく予定です。新型コロナウイルスの影響により，児童生徒，大学生の学びは大きな影響を受けています。また，教師側としても遠隔授業への対応とともに，子どもたちの学びを確保するため奮闘していることと考えます。withコロナ，afterコロナの時代に対応した教育についての議論の場としても，会員の皆様の大会へのご参加，論文のご投稿をお願いいたします。

　令和3年度の活動予定については未定ですが，現在，第7回年次大会は令和3年下旬の開催を検討しています。感染者数の推移により，第7回年次大会はリモート開催となる可能性があります。第1報は令和3年春頃を目途にホームページ（https://www.ningenkyoiku.org/）への掲載，および会員の皆様のメールアドレスへの送信を予定しています。万が一，リモー

ト開催の判断をさせていただいた場合，リハーサル等を含めまして会員の
皆様のご協力をよろしくお願いいたします。

2．学会誌『人間教育学研究』第8号　投稿申し込みについて

　学会誌『人間教育学研究』第8号につきましては，令和3年5月から投
稿申し込みの受付をさせていただく予定です。投稿申し込み期限は本年度
と同様に10月中，発刊は令和4年2月下旬を予定しています。現在，投
稿要領の修正を行っています。最新の投稿様式に加え，投稿用のフォーマッ
トファイルの作成が完了次第，会員の皆様に周知した上で，投稿を受け付
けさせていただきます。執筆にあたっては，最新の投稿要領を必ずご参照
くださいますよう改めてお願いいたします。投稿要領指定の書式以外で投
稿された場合，投稿論文を不受理とし，原稿を差し戻させていただく場合
がありますのでご注意ください。

3．会員情報の更新について

　本学会に登録いただいている学会員情報について，登録時からご変更が
生じた際は，学会メールアドレス（ningenkyouiku@gmail.com）までご
一報ください。特にメールアドレスは，学会情報の送信など学会員の皆様
と直接連絡させていただく際に重要ですので，ご協力のほど，よろしくお
願いいたします。

4．おわりに

　日本人間教育学会は，その前身の人間教育研究協議会より，一貫して子
どもたちと教育者双方の人間的な成長を目指した理論と実践の対話を目指
して活動して参りました。その理論的な背景は，会長の梶田叡一先生の自
己意識研究にあります。このたび，梶田叡一先生の1960年代から現在に
わたる研究活動がまとめられた『自己意識論集』全5巻（東京書籍）が発
刊される運びとなりました。現在，第4巻までが発刊されております。コ

ロナ禍の中，私たち一人ひとりが自分として生きていくことの大切さについて，多くの示唆が得られる書籍となっています。ぜひ，教育フォーラムと併せてご一読いただき，人間教育の実践，研究に興味を持たれた方，また，研究知見をお持ちの方は，日本人間教育学会への入会をご入会をお待ちしております。

（文責：高木悠哉）

日本人間教育学会入会の呼びかけ

この度，人間としての真の成長を願う「人間教育」の実現を目指す教育研究を推進するために，日本人間教育学会を発足することとなりました。

「人間教育」の理想は，子どもたちと教育者双方の人間的な成長を視野に入れた理論と実践の対話によって実現するものであると考えています。この方向での研究は，これまで教育学，教育哲学，教育心理学，教育社会学，教育実践学等々の専門分野で行われてきましたが，本学会は学際的にこうした諸研究の統合的発展を目指していきたいと願っています。

「人間教育」の理想の実現のために本学会は，子どもたちの学力保障と成長保障の両全を目指すと共に，教育者自身のあり方も問いたいと考えています。このことは，師弟関係における師たるものの生き方，あり方を根本的な意味で重視するものであり，教育者自身の人間的な面での研鑽を目指すことでもあります。

日本の教育は，常に厳しい教育的課題と向き合い，それに真摯に取り組む中で進んできました。そうした中で，ときに日本の学校，教師は，時々の教育的課題や教育の流行に翻弄されることもありましたが，私たち日本人間教育学会は，教育の万古不易の面を強く意識し，一時の流行に流されることのない主体的思考を堅持して教育課題や教育問題を考えていきたいと願っています。日本人間教育学会は，複雑で重要な教育問題，教育的課題ほど，単一の正解はないという教育の特質を踏まえ，この国の未来が教育の中にこそあるという熱い思いを堅持し，学校，教師の疑問や悩みと真剣に向き合う学会として進んでいく決意をしています。そのため，学校と教室における教育成果にこだわり，教育学研究を基礎研究から重視することと共に，研究者と実践者の対話，コラボレーションによる授業提案や日本の教育に求められる実践，取組の提案も重視します。

このような本学会の趣旨に賛同し，共に自身を謙虚に磨く決意に満ちた教師，大学教員の方々に広く入会を呼びかけます。

みなさん，日本人間教育学会に入会し，教育のあり方の根本に思いをいたし，研究者として，また教育者として，共に自らの人間性を磨き合っていこうではありませんか。

日本人間教育学会【呼びかけ人】（所属等は2015年度のもの）
　　呼びかけ人代表　梶田　叡一（奈良学園大学長／元兵庫教育大学長）
　　幹事長　　　　　鎌田首治朗（奈良学園大学教授）

浅田　　匡（早稲田大学教授）
五百住　満（関西学院大学教授）
伊﨑　一夫（奈良学園大学教授）
太田総二郎（創価学園創価教育研究所長）
大谷　武彦（ＥＲＰ代表／元東京書籍編集局長）
加藤　　明（関西福祉大学長）
金山　憲正（奈良学園大学教授）
木原　俊行（大阪教育大学教授）
杉浦　　健（近畿大学教授）
住本　克彦（新見公立短期大学教授）
善野八千子（奈良学園大学教授）
高木　　章（元尼崎市立小学校長）
中島　章夫（元文部省審議官／元科学技術庁政務次官）
中洌　正堯（元兵庫教育大学長）
中間　玲子（兵庫教育大学教授）
中村　　哲（関西学院大学教授）
成山　治彦（立命館小学校・中学校・高等学校長）
西辻　正副（奈良学園大学統括副学長／元文部科学省主任視学官）
比嘉　　悟（芦屋大学長）
古川　　治（甲南大学教授）
前田　洋一（鳴門教育大学教授）
松田　智子（奈良学園大学教授）
溝上　慎一（京都大学教授）
八木　成和（四天王寺大学教授）
湯峯　　裕（大阪府立春日丘高等学校長）
横須賀　薫（十文字学園女子大学長／元宮城教育大学長）
吉田　明史（奈良学園大学副学長／元奈良教育大学教授）
渡邉規矩郎（奈良学園大学教授／日本教育新聞社顧問）
渡邉　　満（岡山大学教授）

日本人間教育学会　入会申込書

※会員番号 ☐☐☐☐☐
※幹事会記入欄

申込日　　　年　　月　　日

会員種別*	正会員　・　学生会員	入会年度	年度

	姓（Last name）	名（First name & Middle name）
名　前		㊞
名前（カナ）		
名前（英字）		
生年月日	西暦　　　年　　　　月　　　　日	性　別*　　　　　男　・　女
連絡先*	所属　・　自宅	*会員種別・性別・連絡先は該当するものを○で囲んでください *連絡先は、会報等の送付先となります

◆所属先◆

名称・学部			
（部署）		職名	
所在地	（〒　　　―　　　）		
	TEL	内線：	FAX

◆自宅◆

住　所	（〒　　　―　　　）	
	TEL	FAX

◆メールアドレス◆　※携帯電話のメールアドレスは登録できません。

E-mail	

◆学歴◆

最終学歴		西暦　　　年 卒業 修了
専門分野		

◆指導教員◆　※学生会員として申し込む方は、指導教員の情報をご記入ください。

お名前	
所　属	

日本人間教育学会幹事会（桃山学院教育大学内）
〒590-0114　大阪府堺市南区槇塚台4-5-1
TEL：072-288-6655（代）
FAX：072-288-6656
担当：宮坂政宏　MAIL：miyasaka@andrew-edu.ac.jp

日本人間教育学会会則

〈名称〉

第1条　本会は，日本人間教育学会と称する。

第2条　本会の会務を遂行するために幹事会と事務局を置く。幹事会と事務局は，当分の間会長所属の大学内に置く。

〈目的と事業〉

第3条　本会は，子どもたちと教育者の人間としての成長を願う「人間教育」の実現のため，教育に関わる諸学，例えば教育哲学，教育心理学，教育社会学，教育実践学等々の学際的対話，諸研究の統合的発展を目指し，日本の教育課題に正対し，子どもたちの学力保障と成長保障を目指し，子どもたちと教育者それぞれが〈我の世界〉を生きる力と〈我々の世界〉を生きる力の双方の涵養，研鑽を目的とする。

第4条　本会は，前条の目的達成のために次の事業を行う。

(1) 学会誌『人間教育学研究』と『教育フォーラム』の編集発刊

(2) 研究発表会，講演会等の開催

(3) その他の必要な事業

〈会員〉

第5条　本会の会員は次の4種とする。

(1) 正会員

本会の目的に賛同し，会長の承認のもと，所定の会費を納めたもの。

(2) 学生会員

将来教員を志す学部（短大・専門学校を含む）の学生，また真摯に本学会で自己研鑽を目指す志のある学生で，指導教員の承諾を得て，会長の承認のもと，所定の会費を納めたもの。

(3) 賛助会員

本会の趣旨に賛同する団体で会長が認めたもの。

(4) 特別会員（特別顧問）

本会の充実・発展に特に寄与するものとして，会長が認めたもの。

2　本会に入会しようとする者は，必要事項を記入した申込書を事務局に提出し，会長の承認を経て会員として認められる。学生会員については，指導教員の承諾印が必要である。

3　退会しようとする者は，文書によりその旨を事務局に申し出，会長の承認を経て，当該年度末をもって退会とする。なお，所定の会費を2年以上納入しない者は，

退会となる。

第6条　本会の会員は，学会誌『人間教育学研究』に投稿し，また研究発表会その他の行事に参加することができる。投稿規定は別に定める。

第7条　本会の正会員，特別会員は，学会誌『人間教育学研究』と『教育フォーラム』の配付を受けることができる。学生会員と賛助会員は，学会誌『人間教育学研究』の配付を受ける。また，学生会員は正会員，特別会員の指導助言を受けることができる。

〈役員〉

第8条　本会に，次の役員をおく。

(1) 会長

(2) 幹事長

(3) 理事

(4) 幹事

(5) 学会誌『人間教育学研究』編集長

(6) 監事

2　会長は，本会を代表する。

3　会長は，幹事長，理事，幹事，学会誌『人間教育学研究』編集長を任命する。

4　会長に事故ある場合には，予め会長が指名した順にその職務を代行する。

5　会長は，理事会の招集，開催を必要に応じて行う。理事会は，会長から提案された年間の予算，決算，事業計画，事業報告を議する。幹事会は，理事会の議を経た年間の予算，事業計画を遂行する。

6　幹事長は，会長の指示の下，幹事会を構成し，本会の運営にあたる。なお，必要に応じて事務担当をおくことができる。

7　監事は会計，及び事業遂行の監査にあたる。監事は会長が委嘱する。

8　役員の任期は2年とし，会長は役員任期終了前に次期役員を任命し，定期総会で報告する。なお，各役員の再任を妨げない。

第9条　本会に幹事会をおく。

2　幹事会は，前条第1項第4号の委員並びに事務担当をもって構成し，幹事長がこれを代表する。

3　幹事会は，学会誌『人間教育学研究』発刊に対して必要な意見を編集長及び編集委員に述べ，発刊が円滑に行われるようにする。

4　幹事会は，会長の指示を受け，幹事長の下，日常の学会活動を効果的，円滑的に運営する。

第10条　本会は，学会誌『人間教育学研究』と『教育フォーラム』を発刊する。

　　　2　会長は，学会誌『人間教育学研究』編集長を任命する。学会誌『人間教育学研究』は，編集長と，会長が任命した編集委員によって行う。その際，会長の指示を受けた幹事会の意見を生かし，円滑に発刊できるようにする。

　　　3　会長は，『教育フォーラム』を編集する。幹事会は，会長の指示を受け，『教育フォーラム』を円滑に発刊できるようにする。

〈総会〉

第11条　本会は第3条の目的を達成するために，年1回，日本人間教育学会総会を開催する。また，会長が必要を認めた場合には臨時総会を開く。総会は正会員，学生会員，賛助会員をもって構成し，議事は正会員出席者の過半数の同意をもって決定する。

〈会計〉

第12条　本会の経費は，会員の会費及びその他の収入による。

　　　2　本会の会費は，付則の定めるところによる。

　　　3　本会の会費は，前納するものとする。

　　　4　本会の会計年度は4月1日より翌3月31日までとする。

〈改正〉

第13条　本会則の改正は，会長が行い，総会において発表する。

【付則】

　　　1．会費は，以下のものを納める。

　　　正会員　　　　5,000円

　　　学生会員　　　2,500円

　　　賛助会員　　　一口10,000円

　　　2．本会則は，平成27年10月18日より発効する。

●執筆者一覧 （執筆順）

梶田叡一 （かじた・えいいち）	桃山学院教育大学学長・日本人間教育学会会長
鎌田首治朗 （かまだ・しゅうじろう）	桃山学院教育大学人間教育学部学部長・教授
湯峯　裕 （ゆみね・ひろし）	桃山学院教育大学人間教育学部教授
二瓶弘行 （にへい・ひろゆき）	桃山学院教育大学人間教育学部教授
伊﨑一夫 （いさき・かずお）	関西福祉大学教育学部教授
金山憲正 （かなやま・のりまさ）	奈良学園大学副学長
今西幸蔵 （いまにし・こうぞう）	桃山学院教育大学人間教育学部客員教授
山口聖代 （やまぐち・まさよ）	桃山学院教育大学人間教育学部講師
中村浩也 （なかむら・ひろや）	桃山学院教育大学人間教育学部教授
野田健司 （のだ・けんじ）	吹田市立吹田第一小学校校長
古川　治 （ふるかわ・おさむ）	桃山学院教育大学人間教育学部客員教授
浅田　匡 （あさだ・ただし）	早稲田大学人間科学学術院教授
乾　匡 （いぬい・ただす）	桃山学院教育大学教職センター講師
辻　寿一 （つじ・じゅいち）	神奈川県立神奈川総合産業高等学校統括教諭
宮坂政宏 （みやさか・まさひろ）	桃山学院教育大学人間教育学部非常勤講師
井上信子 （いのうえ・のぶこ）	日本女子大学人間社会学部教授

教育フォーラム67

いまこそ自己教育力の練成を
コロナ禍に負けない学習者を育てる

2021年3月31日　初版第1刷発行　　　　　　　　　　　　　　　　　　　検印省略

責任編集　　　　梶田叡一
編集©　　　　　日本人間教育学会
発 行 者　　　　金子紀子
発 行 所　株式会社　金子書房
　　　　　〒112-0012　東京都文京区大塚3-3-7
　　　　　TEL 03-3941-0111　FAX 03-3941-0163
　　　　　振替　00180-9-103376
　　　　　URL　https://www.kanekoshobo.co.jp
印刷／藤原印刷株式会社
製本／一色製本株式会社

ISBN 978-4-7608-6017-3 C3337　　　　　　　　　　　　Printed in Japan